中共北京市昌平区委宣传部 主编

Next stop
Changping

中国轻工业出版社

图书在版编目（CIP）数据

下一站昌平 / 中共北京市昌平区委宣传部主编.
北京：中国轻工业出版社，2024.7. —ISBN 978-7
-5184-5024-4

Ⅰ. K928.913

中国国家版本馆CIP数据核字第2024V8R460号

责任编辑：巴丽华　　责任终审：李建华　　版式设计：锋尚设计
封面设计：伍毓泉　　责任校对：晋　洁　　责任监印：张京华

出版发行：中国轻工业出版社（北京鲁谷东街5号，邮编：100040）
印　　刷：北京博海升彩色印刷有限公司
经　　销：各地新华书店
版　　次：2024年7月第1版第1次印刷
开　　本：889×1194　1/32　印张：6.5
字　　数：100千字
书　　号：ISBN 978-7-5184-5024-4　定价：88.00元
邮购电话：010-85119873
发行电话：010-85119832　010-85119912
网　　址：http://www.chlip.com.cn
Email：club@chlip.com.cn
版权所有　侵权必究
如发现图书残缺请与我社邮购联系调换
240440S4X101ZBW

序

昌平历来被称为古都北京的上风上水之区，无论是燕山半山丘陵的逶迤叠嶂，山前冲积平原的田畴河川，还是万里长城的雄关英姿、帝陵佛寺的华美构筑，无一不在以大气、雄浑、壮丽、深邃，或以精致、秀美、繁盛、朦胧向居民和访客默默叙说着这里的岁月演替、草木荣枯和山川永恒。

然而，随着历史车轮滚滚向前，社会发展新旧代谢，历史古迹自然风化，许多景观风物不仅可能会在实物遗迹方面黯然退去，而且可能会连书面记载也踪迹皆无。一些近年来重新整理或新近建设的项目则可能因其缺少传播途径而仍处于默默无闻的状态。如何赓续历史文脉、挖掘文化沉积、活化在地遗产、满足社会需求，对昌平全境的自然山水、文化景观和体验项目进行系统整理、现场考察和详细呈现,昌平区委宣传部主编的这本《下一站昌平》就显得非常必要、及时且裨益于公了。

全书十个章节,分别从历史遗产(怀古),革命文物(追红),自然山水(觅水、登高),接待服务(小宿、赏味、乐购),乡村振兴(悦农),文化创意(打卡)和户外运动(骑行)几个侧面,向读者简要介绍了昌平全境的主要旅游资源和旅游服务的特点、发生背景和景观特色。为方便自驾游者按图索骥,还在各章的后半部分向消费者推荐了若干点位(名称及地址),可谓既有文化深度、科技广度,又有实用、细致的贴心度。相信一册在手,就可在昌平区内畅行无忧。

我在昌平区小汤山镇大赴任庄村17号租赁农民宅院建立了游历图书馆,我特别喜欢住在昌平院子里。作为一名大学教师,我对昌平的历史、当前和未来都十分关注,也愿意多与昌平的干部群众密切交流,共同致力于昌平文化旅游的可持续发展。昌平作为非常典型的环城市乡村,具有被纳入北京大学乡村振兴观察研究教学实习的价值,为此我们专门向北京大学城市与环境学院申请在昌平成立北京大学乡村振兴教学实习基地,并获得学院领导的大力支持,我和戴林琳副教授自愿承担这一观察研究和教学实习基地的建设,并与小汤山镇政府签署了合作协议。最近,我又受昌平区委宣传部邀请,对昌平十三陵水库及周边乡村、居庸关长城景区、万娘坟村文农旅融合发展、明十三陵明代文化活态博物馆概念区等进行了现场考察,进一步感受到昌平区文化旅游发展进入了一个转型期,面临着全新的机遇和挑战。每一次回到昌平,每一次考察新的场地,每一次与宣传文旅部门的同仁见面交流,我都会对昌平文化有更深一层的理解和感悟,也都有新的心得与体验。这些现场的观察与具身的交遇,会让我们更多地获得、更深地热爱。昌平文化,值得一读;昌平景物,值得一观。

北京大学城市与环境学院旅游研究与规划中心主任教授
文化和旅游部"十四五"规划专家委员会委员
2024年6月

目录

第一章 怀古 / 13

西江月·昌平怀古 / 14
古迹写就明文化　草木塔桥皆有情 / 15
帝王陵寝见证大明兴衰 / 16
银山塔林的"建筑秘籍" / 19
三千年古青檀讲述历史荣枯 / 23
推荐 / 26

第二章 追红 / 31

采桑子·红色昌平 / 32
南口支部传薪火　水库精神入家谱 / 33
在"中共南口特支纪念馆"寻找昌平的红色起点 / 33
10处不可移动革命文物分布在昌平大地 / 35
十三陵水库精神传承不息 / 38
推荐 / 43

第三章 觅水 / 47

西江月·昌平觅水 / 48
白浮泉祭龙礼仪盛　温榆河亲水野趣浓 / 49
昌平母亲河，万亩亲水园 / 50
千里运河源　文化新体验 / 55
"温泉+"打造微度假旅行地 / 58
推荐 / 62

第四章 登高 / 67

西江月·昌平登高 / 68
问景哪得神仙造　昌平奇观必登高 / 69
烽火燕山——农牧交界　巨龙盘踞 / 71
四时燕平——春夏秋冬　四季皆宜 / 74
人文昌平——天寿山脚　帝陵形胜 / 80
推荐 / 83

第五章 小宿 / 87

如梦令·昌平小宿 / 88
"吱呀"一声木门响　民宿主人迎客来 / 89
风格：中西空间多样，动静各得其所 / 90
娱乐：吃喝玩乐，男女老少尽享自在 / 93
兴趣：创意空间，让每一种爱好都有处安放 / 95
品位：志同道合，小民宿可聚大社群 / 98
推荐 / 103

第六章 赏味 / 107

清平乐·昌平赏味 / 108
寻味乡间味蕾爽　美食美景共分享 / 109
"一村一品"，藏在乡间的特色宴 / 109
低调小馆，暗藏人间至味 / 112
美景与美食的相互成就 / 116
遇见咖啡馆 / 122
共生：咖啡馆与村庄的深度融合 / 123
柔软：链接无声和有声世界 / 125
隐山：在山里享受一份惬意 / 127

跨界：当咖啡遇见墨香 / 130

后记 / 132

推荐 / 133

第七章 悦农 / 135

清平乐·昌平悦农 / 136

特色农产享盛名　游客乐享慢生活 / 137

草莓苹果西瓜，果园四季飘香 / 138

特色蔬菜老口味，食用菌类新方向 / 141

农旅融合，新体验引来"新村民" / 143

推荐 / 147

第八章 乐购 / 153

十六字令三首·昌平乐购 / 154

世界名牌都揽尽　烟火神仙乐购中 / 155

国际品牌云集的高端购物场所 / 156

烟火气十足的时尚大型购物中心 / 158

拥有高附加值的文创产品 / 161

推荐 / 164

第九章 打卡 / 167

浣溪沙·昌平打卡 / 168
穿越盛世全沉浸　民俗带你画中游 / 169
打卡明文化：沉浸式体验大明盛世 / 169
打卡民俗文化：高跷花会带你画中游 / 172
打卡现代生活：滑雪花海馈赠生活惊喜 / 176
推荐 / 180

第十章 骑行 / 187

线路 1　畅行回天 / 188

线路 2　艺术巡游 / 190

线路 3　山水林间 / 192

线路 4　水库环游 / 194

线路 5　红色记忆 / 196

线路 6　绿氧益行，艺览昌平 / 198

线路 7　百里环廊 / 200

线路 8　美食美宿 / 202

线路 9　古迹探访 / 204

线路 10　中轴向北 / 206

第一章

西江月·昌平怀古

寻芳京师之枕,
常绕历史云烟。
十三明陵帝王相,
金冠衮服生艳。

脚踏朝宗桥上,
提带撩袍犹见。
青檀古树三千岁,
静历风刀霜剑。

古迹写就明文化
草木塔桥皆有情

　　昌平位于北京北部，自西汉设县距今已有两千多年，除个别朝代有短期更改外，昌平之名沿用至今。昌平的人类活动遗迹可追溯至6000多年前。1958年，北京市考古工作者在昌平发现了新石器时代文化遗址"雪山文化遗址"，这是迄今为止在昌平发现的最早人类活动遗迹。

　　昌平历经数千年的文化积淀，文物古迹遍布全区，包括长城、墓葬、庙宇、石刻、古塔、石桥、古树名木、工业遗产等，它们穿越百年甚至千年，与生活在现代的我们相遇，为人们留住乡愁记忆，让我们同古人产生心灵交流。其中最具代表性的有"明十三陵""居庸关及云台""银山塔林""朝宗桥""青檀古树"等，它们饱含丰富的历史信息，展现出独特的风土人情，是昌平区最具代表性的文化遗产。特别是明十三陵，作为世界上保存最完整、埋葬皇帝最多的墓葬群，于1961年被国务院公布为第一批全国重点文物保护单位，2003年被列入《世界遗产名录》。

帝王陵寝见证大明兴衰

明十三陵是文物古迹的荟萃之地,也是举世瞩目的旅游胜地。自明永乐七年(1409年)明成祖朱棣营建长陵起,至清顺治元年(1644年)修建思陵、葬明思宗朱由检止。明十三陵是明朝十三位皇帝及嫔妃、太子、太监的长眠之地。出于保护文物的考虑,明十三陵并未完全开辟为旅游景区。截至2023年,明十三陵的主神路、长陵、定陵、昭陵、康陵已面向公众开放。

明十三陵是明代十三位皇帝陵寝的总称,陵域面积约120平方公里。从建筑格局来看,明十三陵既是统一的整体,各陵又自成独立单位。在陵区长达7公里的南北轴线上,有一条体现皇权的总神路,这条神路自南向北蜿蜒曲折通向各陵,神路上建有石牌坊、下马碑、大红门、碑亭、石像生、棂星门、石桥等。十三座陵寝的形制虽大体相同,但建筑规模却存在较大差异,在一砖一瓦间勾勒出明王朝的兴衰往事。

明十三陵中长陵最大,思陵最小。位于天寿山主峰南麓的长陵,系明十三陵之首,是明成祖朱棣和皇后徐氏的合葬墓,始建于永乐七年(1409年),建成于永乐十一年(1413年)。长陵是

明十三陵中营建最早、规模最大、地面建筑保存最为完好的陵墓，彰显了永乐盛世之下的帝王之相。

长陵西南方的定陵，是万历皇帝朱翊钧及其孝端皇后、孝靖皇后的合葬陵。万历皇帝执政48年，是明朝在位时间最长的皇帝。建造定陵耗费白银800余万两，其奢侈程度在整个十三陵中较为突出。定陵是我国首次大规模发掘的帝王陵墓，1956—1958年，北京市相关部门对定陵的地宫进行发掘，清理出丝织品、金银器、铜锡器、瓷器、琉璃器、玉石器、漆木器、首冠、梳妆用具、武器和仪仗等文物3000余件（套）。

相较于长陵和定陵的气势恢宏，明朝末代君王崇祯帝的思陵相对简陋，位置偏僻，远离主神路，让人顿感悲凉。思陵是明思宗朱由检（年号崇祯）与周皇后及田贵妃的合葬墓。崇祯帝即位时，明王朝内忧外患、危机重重。崇祯十七年甲申三月十九日

长陵雪景
肖东梅供图

(1644年4月25日),李自成攻陷北京,崇祯帝命皇后周氏等自缢,他本人也自缢于煤山(今景山),后草草葬入陪葬墓区的田贵妃墓。清顺治元年(1644年),清廷下令将崇祯帝后所葬的田贵妃墓命名为"思陵",并营建地上园陵建筑,但其规模远不及其他十二陵寝。

银山塔林的"建筑秘籍"

明十三陵的园寝建筑,彰显出明代皇家建筑的厚重,但这并非昌平建筑遗产的全部。

银山塔林　宋佳音供图

在昌平区兴寿镇湖门村西南的银山南麓，错落分布着19座较为完整的佛塔，被冠以"银山塔林"的美名。所谓银山，是因秋去冬来，瑞雪纷飞，山岩银装素裹而得名。银山墓塔成群，就像众木聚而成林一般，是北京地区保存最好、最为集中的密檐式塔群。墓塔有的建在山脚下，有的建在山腰处，有的建在凌空的山岩上。它们高则数丈，低则径尺，其建筑形制大体可分为两类：一为密檐塔，是由阁楼式塔发展而来，其最大特点是塔身上有层层塔檐紧密相连；二是覆钵式塔，别称喇嘛塔，是具有中国西域特色的一种塔形，其塔座上的覆钵式塔身常被老百姓俗称为塔肚子。除这两类墓塔形式外，还有一种组合式墓塔——将密檐和覆钵两种形式结合起来集于一身，这种建造奇特的异形塔，堪称塔林中的独特作品，是研究中国古代佛教和砖石建筑的宝贵遗产。

银山塔林　吴宝林供图

怀古 | 21

居庸关云台 杨光供图

除塔林之外，长城也是昌平的重要遗迹。昌平因其西北、东北临近居庸关和古北口两大军事要塞，曾是抵御关外游牧民族进扰的重要屏障，又因北部明十三陵盆地是明代帝王陵寝的聚集地，使得昌平成为南护京师、北护帝陵、西扼居庸的交通要道，即兵家必争之地。经过土木之变①和庚戌之变②后，明朝后期加强了内长城的修筑，昌平一带的长城为内长城的组成部分，遗存有居庸关、白羊城、南口城、上关城、巩华城等大小关城，其中以居庸关的军事地位最为重要。

---

① 土木之变：明朝正统十四年（1449年），明朝军队在土木堡（今河北怀来县东）败于瓦剌军队的事变。
② 庚戌之变：明朝嘉靖二十九年（1550年），蒙古土默特部首领俺答汗因对明朝"贡市"不遂而发动的战争。

云台石刻
崔毅飞供图

据了解,很多游客在游览居庸关长城时,容易错过"云台"。云台是一座过街塔的台座,坐落在居庸关关城的中心,建于元至正二年至五年(1342—1345年),元朝末代皇帝惠宗(元顺帝)命人建造了这座过街塔,当时台上有三座并排的藏式佛塔,但到元末明初已经被毁,幸存下来的云台,具有极高的历史价值和艺术价值,于1961年公布为全国重点文物保护单位。

云台是座用大理石砌成的长方形台座,台高9.5米,上顶宽25.21米、进深12.9米,下基宽26.84米、进深17.57米。台基正中有一个门洞贯通南北。在门洞的券面上,正中雕刻的是大鹏金翅鸟,两边分列鲸鱼、龙子、童男骑异兽和象,券门的下面雕有交叉金刚杵,门洞以内全部是佛教图像纹饰和经咒等浮雕,券门内两壁刻着四大天王浮雕像，即东方持国天王、南方增长天王、西方广目天王、北方多闻天王，四大天王浮雕之间用六种文字刻着经咒和造塔功德记，涉及梵文（古尼泊尔文）、八思巴文、藏文、维吾尔文、西夏文和汉文，见证了我国元明清时期各族交往交流的事实，为研究民族关系史、佛教史、建筑史、艺术史等提供了第一手材料，保存下来的西夏文和八思巴文对破译古代文字，以及研究西夏、蒙古历史都提供了非常珍贵的实物资料。而从建筑艺术角度来看，居庸关云台的雕刻手法圆润流畅，造型别致，图案精美，犹如一座巨型石雕艺术品，是现存元代雕刻艺术和建筑技术的杰作。

三千年古青檀讲述历史荣枯

如果是在10月下旬或11月上旬游居庸关及云台，不妨顺路去附近的四桥子村看看。这里生长着一株千年银杏树，相传植于唐代，据此推断树龄约1200年，胸径达到2.5米、树高约25米、平均冠幅约22.5米，每逢秋季满树金黄，被当地人称为"关沟大神树"。

像四桥子村古银杏这样的"活文物"在昌平各地多有分布，只不过容易被行摄匆匆的人们忽略。昌平历史上属森林茂密之地，北魏郦道元《水经注》记载居庸关一带"山岫层深，侧道褊狭，林鄣邃险，路才容轨"。昌平不少古迹所在地分布有面积不等的森林，周围有不少古树。由于元、明、清三代建都以来修筑皇宫御园、大兴土木，致使森林和古树名木遭劫伐，昌平境内现存古树名木多为明、清时期人工栽植，2023年数据统计为5978株，占北京市古树名木的14.28%，其中一级古树1497株、二级古树3523株、名木958株，主要包括侧柏、油松、白皮松、国槐、银杏、酸枣等树种。从古树分布情况来看，明十三陵占据绝大多数，据记载，明十三陵中共有古树名木4000余株。

在昌平区的古树中，以檀峪村的青檀树最为年长，树龄在3000年以上。此树地径近3米，树高约6米，由于年代久远老干

古青檀
崔毅飞供图

朝宗桥
崔毅飞供图

不复存在,后萌生出3个新干。老青檀树天然落种生出来的另外2株小青檀树,也有数百年的历史,远看似一巨型盆景。每到夏天,青檀冠盖如荫,是纳凉避暑的好去处。而到秋季,青檀满树金黄随风摇动,耀眼而灵动,大自然带给人的惊艳莫过于此。

昌平区的"活文物"不止于古树,还有坐落在昌平城南10公里处的朝宗桥,此桥始建于明正统十三年(1448年),为七孔联拱石桥,横跨北沙河,全长130米。朝宗桥是明朝帝后、太子、大臣谒陵北巡的必经之路,又是通往塞北的交通咽喉,它与卢沟桥、永通桥(俗称八里桥),并称为"拱卫京师三大桥梁",在北京的历史上占有相当重要的地位。朝宗桥经历代多次维修养护并沿用至今,现为京藏高速进京方向辅路的公路桥,为百姓出行、市政交通发挥作用,见证着这座城市绵延不断的烟火气。

文/崔毅飞

推荐

明十三陵 修雨辰供图

🏯 明十三陵

明十三陵是明朝十三位皇帝的陵墓总称,位于北京西北郊,是全国现存规模较大、帝后陵寝较多的皇陵建筑群之一。陵区群山环抱,陵前有河水蜿蜒,山清水秀风景殊胜。来此可以参观建筑、风景,也能了解古代皇帝的丧葬规格。明十三陵是个统一的整体,而各陵又自成一体,每座陵墓分别建于一座山前,陵墓规格大同小异。陵与陵之间距离少至0.5公里,多至8公里。除思陵偏在西南一隅外,其余各陵均呈扇形分列于长陵左右。明十三陵中目前开放有神路、长陵、定陵、昭陵、康陵。

1. 神路

神路位于明十三陵南端,是通往明十三陵区的通道,总长约7公里,也是明十三陵的第一个景点,由石牌坊、大红门、碑亭、石像生、龙凤门组成。神路的最南端是石牌坊,它是我国现存较大、较早的石枋建筑。石像生位于神路两旁,从碑亭北的两根六角形的石柱起,至龙凤门止,24只石兽和12个石人整齐地排列着,造型生动,雕刻精细,为我国古代陵园中罕见的精美石雕,也是神路的一大看点。

2. 长陵

长陵位于天寿山主峰南麓,是明朝第三位皇帝成祖文皇帝朱棣(年号永乐)和皇后徐氏的合葬陵寝。在明十三陵中建筑规模最宏伟,营建时间最早,地面建筑也保存得较为完好。它是明十三陵中的主陵,也是陵区内主要的旅游点之一。

3. 定陵

定陵坐落在大峪山下,位于长陵西南方,是明代第十三位皇帝神宗显皇帝朱翊钧(年号万历)的陵墓,同时还葬有他的两个皇后。主要建筑有祾恩门、祾恩殿、宝城、明楼和地宫等。它是明十三陵中独有的一座被发掘了的陵墓,其地宫可供游人参观。

4. 昭陵

昭陵位于大峪山东麓,是明朝第十二代皇帝穆宗庄皇帝朱载垕(年号隆庆)及其三位皇后的合葬陵寝。现存有完整的祾恩门、祾恩殿及其东西配殿、方城、明楼、宝顶等。昭陵是明十三陵中第一座大规模修葺复原的陵园。

5. 康陵

康陵,是明朝第十位皇帝武宗朱厚照(年号正德)和皇后夏氏的合葬陵墓。建陵用时1年,总体布局沿袭前制,呈前方后圆形状。康陵是发现的明十三陵中砖碑铭文最多的一个陵。该陵建于正德十六年(1521年),占地2.7万平方米。明末,康陵曾遭到烧毁,在清朝乾隆年间,曾被整修。

地址:北京市昌平区北部天寿山麓十三陵镇

银山塔林

银山塔林坐落在昌平区延寿镇境内的崇山峻岭之中。这里既是国家级风景名胜区"八达岭—十三陵风景名胜区"的一部分;也是全国重点文物保护单位和国家AAAA级景区。银山,峰峦高峻,冰雪层积,色如白银,故称为银山。山麓中有石崖,色如黑铁,称为铁壁。银山铁壁,一白一黑,风景独特,为明清时期燕平八景之一。

地址:北京市昌平区兴寿镇西湖村

古青檀公园

在龙凤山脚下的檀峪村,生长着六株古青檀树,其中最古老的一级青檀树地径近3米、树高约6米,树干扭结盘曲,有"北京树王"的美称。这里的古青檀公园,是以古树为主题的公园,建设面积约3141平方米。公园项目建设以保护古青檀树为核心,分为"青檀密语""古峪系檀""望龙祈福""梦回檀影"四个版块。青檀树为中国特产树种,由于对地质要求非常高,在北方比较罕见。据《北京古树名木志》记载,檀峪村的古青檀树树龄在3000年以上。到了夏天,古树绿冠如荫,远远望去,茂密的枝叶就像一把撑起的巨伞。

古青檀公园通过模拟古青檀树的原始生长环境,掩盖现在的人工保护痕迹,返璞归真,营造野朴氛围,让人们可以身临其境地在"大自然"中游古青檀公园、访古青檀珍稀家族、仰三千年古青檀风采,感受古青檀树这一"活文物"风采。

地址:北京市昌平区南口镇檀峪村

朝宗桥

朝宗桥又名沙河北大桥。位于昌平区往南10公里、沙河镇北0.5公里处,在巩华城旁,跨北沙河水(温榆河),与横跨南沙河水上的"安济桥"相对,两桥相距约2.5公里。明朝迁都北京,在天寿山建陵墓,拆掉南北沙河上的木桥,改建石桥,北曰"朝宗",南曰"安济"。朝宗桥为七孔石桥。全长130米、宽13.3米,中间高7.5米,七孔联拱结构,桥两旁有石栏柱53对。朝宗桥是明朝帝后、大臣谒陵北巡的必经之路,又是通往塞北的交通咽喉。它与卢沟桥、永通桥(俗称八里桥),并称为"拱卫京师三大桥梁"。

地址:北京市昌平沙河镇北巩华城旁

延寿寺

延寿寺以奇松、清泉、佛塔三宝闻名,素有"延寿圣境"之美誉。延寿镇建于明中期,坐北朝南,清康熙、乾隆两朝加以修缮。此寺毁于战火,1994年复建,现有正殿及东西配殿。正殿内供奉玉佛。寺内有奇松一棵,俗称盘龙松,由于此松生长奇特,又有华北第一松之称。

地址:北京市昌平区延寿镇黑山寨村北

延寿寺 刘浩军供图

第二章 追红

采桑子·红色昌平

昌平多少英雄事？
　南口起点，
　狼峪①硝烟，
革命先锋热血染。

万顷水库波光闪，
　主席握锹。
　万众铁肩，
一片山河换新颜。

---

① 狼峪：指狼儿峪。

南口支部传薪火
水库精神入家谱

|

  毛主席题词的十三陵水库纪念碑、聂荣臻元帅的作战指挥部旧址、中共南口特别支部旧址……在广袤的昌平大地上，像珍珠一样散落着一个又一个红色革命遗迹，其中10处遗迹还纳入到不可移动革命文物范畴。岁月流逝，行走间无法逝去的是这些旧址、展陈所弥散出来的红色文化气息，是一批批共产党员历久弥坚的赤诚初心，是广大昌平人民对新中国的热烈期盼和抵御外侮的磅礴伟力。

在"中共南口特支纪念馆"寻找昌平的红色起点

  2021年5月18日，位于昌平区南口镇的新兴路社区的"中共南口特支纪念馆"揭牌成立。中共南口特别支部被誉为昌平的"红色起点"。

中共南口特支纪念馆　昌平区文化和旅游局供图

走进中共南口特支纪念馆的场院，以南口火车站为背景元素的纪念景观十分引人注目，院内矗立着一面纪念墙，墙上有长城、南口火车站、蒸汽机车、和平鸽等浮雕形象，墙壁上的标语提示观众"让初心薪火相传、把使命勇担在肩"。

纪念景观具有怎样的寓意？时间回到20世纪初，随着京张铁路开工建设，全路最重要的机器厂和材料厂在南口兴建，南口亦成为京张铁路的"心脏"，詹天佑在南口调度指挥京张铁路最为艰险段——关沟段的修筑工作，同时大量产业工人在南口聚集，他们在早期共产党人的领导下结成团体。1925年11月，昌平地区第一个党组织"中共南口特别支部"建立，设立3个党小组，这成为昌平革命史上的一块"界碑"，自此马列主义在南口铁路工人、青年进步学生中迅速传播，昌平人民从此在共产党的领导下开启了百年光辉历程。

在纪念馆场院东侧，是南口特支展厅，展厅内一张张老照片让人感受到南口深厚的红色底蕴，展览内容分为"昌平早期的工人运动""中共南口特别支部的建立""抗日战争时期的南口""解放战争时期的南口"四部分，系统地还原了南口早期党组织活动的红色历程。

展览展示了中共南口特别支部建立后党组织的发展壮大。1926年创办发行的机关刊物《南口工人》成为"南口工会中主要的宣传品"。此外，南口特支还积极组织和发动工农运动，帮助当地农民组建了农民协会。建立起共产主义青年团南口特别支部。

据了解，中共南口特支纪念馆可结合重大教育活动和重要纪念日举行专题展览，馆内的学习室还可供参观者观看革命传统教学影片、开展党团组织活动等。

10处不可移动革命文物分布在昌平大地

在2021年公布的《北京市第一批不可移动革命文物名录》中，昌平区有10处革命文物入选。分别是：六街城隍庙、昌平烈士陵园、昌宛联合县县委县政府旧址、上店烈士陵园、高崖口革命烈士纪念碑、昌顺联合县县委县政府旧址、桃林烈士陵园、大汤山烈士陵园、周德纯烈士墓、十三陵水库纪念碑。这些革命遗迹是不可替代、不可复制的红色文化遗产,凝聚着中国共产党人和无数志士为民族独立和人民解放英勇不屈、不怕牺牲的斗争精神。

位于昌平区西部的狼儿峪村,是高崖口革命烈士纪念碑的所在地。狼儿峪风光旖旎,空气清新,民风淳朴。由于地处深山

高崖口革命烈士纪念碑　昌平区文化和旅游局供图

狼儿峪村乡情村史陈列室（昌宛联合县革命历史展馆） 昌平区文化和旅游局供图

地区，狼儿峪的知名度并不高，这里的红色历史也很少被外界所知。

在抗日战争时期，八路军与日寇进行游击战，昌平地区民众积极支持八路军的根据地建设，为八路军输送物资、传递情报、救治伤员，鼓励青壮年参军，涌现出很多抗日模范村。当年，狼儿峪村交通不便、经济落后，敌人的统治也比较薄弱。1938年，狼儿峪成为抗日根据地，常有县区党政机关和干部驻在这里。1945年抗战胜利后，狼儿峪村一度成为中共昌宛联合县县委县政府所在地、平西地区著名的战斗堡垒。

如今的狼儿峪村，已经成为一处集休闲旅游、红色旅游为一体的爱国主义教育基地。村内现有昌宛联合县革命历史展馆、高崖口革命烈士纪念碑、聂荣臻作战指挥部、昌宛联合县武装部旧址等遗址。每处纪念地都代表一段红色往事，以高崖口革命烈士纪念碑为例，这是为纪念高崖口地区在抗日战争、解放战争、抗美援朝战争中牺牲的烈士，由中共昌平县委、昌平县人民政府于1996年修建。2013年8月，纪念碑及广场又进行了大规模的修缮，重新美化了广场，装饰了纪念碑和碑文，并在纪念碑后加了装饰性围栏，使整个纪念碑广场更加庄严肃穆。

十三陵水库精神传承不息

在昌平区的革命文物中，十三陵水库及其纪念碑则彰显着和平年代宝贵的革命精神。

十三陵水库的主体工程，是在蟒山与汉包山两山尾峰之间修筑的一座拦洪大坝。大坝于1958年7月1日举行落成典礼，长627米，高29米，底宽179米，顶宽7.5米，坝体为黏土斜墙式土坝。大坝用花岗岩砌筑护坡，下游一侧有毛主席亲笔题写的"十三陵水库"五个大字。1960年，大坝顶部临水侧防浪墙中央建成一条

11间的长廊,整条长廊古色古香,雅致美观,为前来参观的游人提供了观湖和休憩之地。

1992年出版的《北京市昌平县地名志》,以"十三陵水库纪念碑"照片作为封面。该纪念碑坐落在十三陵水库大坝东端山腰上的十三陵水库纪念碑公园内,是为了纪念修建十三陵水库的壮举在水库工程完工后修建的,此纪念碑高约15米,碑顶端雕刻有工农兵的英雄形象,碑身上半部的四个立面分别镌刻着毛泽东、刘少奇、周恩来、朱德四位国家领导人来水库劳动时的题词,碑的下方镌刻有水库颂词。这座纪念碑具有显著的时代特征和艺术价值,也是十三陵水库精神的写照。如今,纪念碑前种植的丁香、玫瑰簇拥着,游人站在这里,居高临下,山光水色,尽收眼底。这里已成为北京著名的游览胜地。

十三陵水库　张明森供图

在水库大坝东侧,有一处明十三陵东山口敌楼的墩台遗址,在水库施工时,在此搭建工棚作为现场指挥部。1963年,在此墩台上建成了两层高的十三陵水库库史陈列馆,后改名为"十三陵水库展览馆",该馆详细记录了十三陵水库的兴建和建库后的历史。

中华人民共和国成立后,党和政府十分重视水利建设,中共昌平县委、县政府筹集资金,领导群众修水库、挖河、开渠、打井、建扬水站、治理山地水土流失,极大地改善了昌平南涝北旱

十三陵水库云海　宋建国供图

的历史。1958年1月21日,十三陵水库正式开工,有40万人参加了工程建设,仅用160天就建成了这座宏伟工程,亦成为北京水利设施中的标志性工程。

回忆起当年修水库的盛况,八旬高龄的田正硕老人仍记忆犹新。1958年,听说要修建十三陵水库,19岁的田正硕立即报名,和村民们一起投入水库修建工程中,当时生产条件有限,有些地方机械无法到达,需要靠村民们人工挑。来修水库的村民有很多都是十八九岁的年轻人,好胜心特别强,当时各组都比赛挑土,看谁挑得最多。"时间长了肩膀都是血淋淋的,穿衣服都碰不得,第二天还都咬牙坚持继续去工地。"由于表现突出,田正硕获得了一枚水库建设者的纪念奖章,这枚奖章还曾经陪伴他一起参加密云水库的修建工作。正因有无数个像田正硕这样普通劳动者的辛苦付出,才有了如今风景如画的十三陵水库。

据了解,十三陵水库所在的昌平区十三陵镇,拥有着丰富的红色文化资源,已成为精神文明建设不竭的源泉。昌平区第一个农村党支部——庆陵村党支部诞生于此。今天的十三陵镇以"水库精神"为核心,不断挖掘和利用红色文化资源——在公交站增设"学习园地"专栏、建设十三陵水库时代精神文化园,让红色阵地成为凝聚人心、推动地区高质量发展的基石。

作为一个水库移民村,"水库精神"是十三陵镇仙人洞村的鲜明特征,村党支部副书记贾仲刚介绍,当年村里70%的村民投身修建十三陵水库。如今，在各级政府支持下，仙人洞村打造了"水库时代精神文化园"。

步入仙人洞村，左侧墙上大幅的十三陵水库航拍图和红色标语十分引人注目，红色的箭头指引着游客开始一段波澜壮阔的水库建设之旅。据了解，设计团队挖掘了十三陵水库建设过程中的很多历史资料，设计制作了这些极具时代特色的文化墙。虽已泛黄但仍能感受到热火朝天气氛的老照片、"不修好水库坚决不回家"的标语、描绘十万大军会战水库建设一线的插画、水库修建指挥部用大喇叭高喊捷报的场景一一展现在文化墙之上。如今，以仙人洞村为代表的十三陵镇，很多农户都在编修"红色家谱"，"水库精神"借此代代相传。

文/崔毅飞

推荐

🏛 昌平博物馆

展示昌平悠久历史的昌平博物馆,在2004年正式对外开放。昌平博物馆主要陈列除明十三陵之外的昌平地区出土的历代文物,藏品大多来自地下,经考古发掘后出土,涵盖了早至新石器时期的雪山文化,晚至近现代的革命文物,展现了昌平在北京历史文化中的独特地位。相比一些大型博物馆,昌平博物馆具有其独特魅力,被称为"大隐于世的博物馆"。

地址:北京市昌平区府学路10号

🏛 中国航空博物馆

中国航空博物馆,筹建于1986年,1989年11月11日正式对外开放,主馆区占地面积72万平方米,室内展陈面积约4万平方米,有洞库展厅和综合展馆两座大型室内展馆,室外有馆标区、英烈墙、英雄广场、利剑雕塑等人文景观。目前,中国航空博物共收藏149型376架飞机、各类文物2.8万余件,其中国家一级文物106件。中国航空博物馆是首批国家一级博物馆,国家AAAA级旅游景区,全国爱国主义、科普教育和国防教育基地,是北京市指定的社会大课堂和红色旅游景区。

地址:北京市昌平区顺沙路小汤山镇大汤山村700号

🏛 轻武器博物馆

位于中国轻武器研究所内的轻武器博物馆,陈列了大量近现代轻武器实物并配有专业准确的注解说明,展品内容分为世界厅和中国厅两大部分,展品包含了枪械系统、榴弹武器、单兵制导武器等类型。轻武器博物馆开放后成为一个让广大观众进行国防教育培训、深入了解轻武器知识的专业科普服务平台，2021年入选首批100个中央企业爱国主义教育基地名单。

地址：北京市昌平区南口镇马坊村1号

🏛 中共南口特支纪念馆

中共南口特支纪念馆，是集多项功能于一体的综合性爱国主义教育基地，展示了南口镇厚重的历史人文底蕴和光荣的红色革命文化，主要用于开展党史学习教育和弘扬爱国主义精神。

地址：北京市昌平区南口镇新兴路昌平区南口医院（北院区）西南侧

🏛 狼儿峪爱国主义教育基地

狼儿峪爱国主义教育基地，地处昌平区流村镇狼儿峪村，距北京市中心70公里，交通便利。这里是一个有着悠久历史的革命老区，如今仍保持着优美的自然风光和淳朴的乡土风情。狼儿峪村四面环山，两面向水，古朴的村庄、淳朴的风俗、清新的空气、凉爽的山风和安然幽静的环境都会给您带来新鲜的感受。

地址：北京市昌平区流村镇狼儿峪村

🏛 十三陵水库

十三陵水库位于北京市昌平区北部温榆河支流东沙河上，水库紧邻明十三陵地区，因而得名。十三陵水库建于1958年，距北京城区约40公里，是一座以防洪、发电、灌溉、养鱼综合利用的中型水库。坝高29米、坝长627米、底宽179米、顶宽7.5米，大坝外坡上有毛泽东主席亲笔题写的"十三陵水库"五个大字，总库容8100万立方米，其中防洪库容5150万立方米。

地址：北京市昌平区水库北路与蟒山路交叉路口往南约220米

十三陵水库雪景　王立军供图

🏛 阳早寒春故居

阳早寒春故居于2015年正式开放,是国际共产主义战士阳早和寒春夫妇故居,内部展览主要讲述他们投身中国革命和建设事业以及中国农业机械化事业的事迹,是爱国主义教育基地、国际主义教育基地。

故居及生平事迹展厅目前收藏奶牛谱系图及牛场设计手稿、阳早寒春的结婚证书、工作台、自行车、行李箱、中国001号绿卡、他们和友人的往来信件等百余件文物以及300余张珍贵历史照片,展示内容涉及两位老专家生前各个时期。

地址:北京市昌平区沙河镇南丰路中国农机院农机试验站内

第三章

西江月·昌平凫水

安济春流盛景,
温榆秋色画图。
风吹岸柳鸟翔集,
野钓骑行并趣。

龙泉涓流漱玉,
祭典甘霖泽土。
水润文心一脉流,
此处最堪记取。

白浮泉祭龙礼仪盛
温榆河亲水野趣浓

有人说,昌平的诞生是一个迷你版的"北京故事",与永定河冲击带来的平原一样,温榆河的冲击形成了昌平的冲洪积平原。昌平的母亲河温榆河与频繁迁徙且不太安定的永定河不同,"她"显得更为稳定而"温柔",其河道稳定,与上游的北沙河、南沙河、东沙河一道组成了密集的河网,滋养着昌平的土地和生活在其中的人们。

千百年后的今天,卸下漕运重担的温榆河为人们送来了旖旎风光。昌平新城滨河森林公园占地面积广,四季风景如画,空气清新,是老少皆宜的休闲场所。无论浅滩边贪凉嬉闹的亲水人群,还是未来科学城河段一人一竿静候鱼儿上钩的垂钓者,大家都乐在其中。无论你是喜静还是喜动,是乐于观景还是热衷于运动,温榆河都如母亲般包容着你的每一份热爱。

若沿着温榆河寻其上游,山前地带还可寻觅到不少出露的泉水。曾几何时,随着北京地下水减少,很多出露的泉水已有水无量或已枯竭。2023年,在昌平区政府的规划建设下,千里运河

白浮泉遗址
昌平区委宣传部供图

最上游的白浮泉九龙池再次喷涌出汩汩泉水。展览、巡游、祈福……一系列活动在大运河源头遗址公园举行，当今人们对古人水利智慧的传承与对传统文化的复兴，让这汪泉水在当代有了新的使命。

到了昌平，泡泡温泉、洗去疲惫会是一种绝佳的选择。如今，汤泉不再是皇室专属的奢华享受，它早已"飞入"寻常百姓家，成为都市人忙碌工作后放松、社交、休闲的"微度假"胜地。

昌平母亲河，万亩亲水园

在昌平，有这样一条河，"她"发源自长城脚下，是昌平境内大多数河流共同汇入的干流。"她"历史悠久,《汉书·地理志》中已有记载:"上谷郡……军都,温余水,东至路,南入沽。"千百年来,她的河道稳定,漕运兴盛,曾是黄金水道,还是皇帝谒陵时行船而过的皇家通道;如今,这里风光秀丽,景色宜人,是昌平人心中的母亲河。

她,就是温榆河。

行在温榆河上游,沙河水岸滩涂上水草丰茂,夏秋季,野生水蓼正值花期,红紫色花丛点缀于翠绿的水草之中,两岸高大的乔木为鸟类提供了良好的栖息环境,观鸟爱好者常能在此观察到大白鹭、苍鹭、夜鹭等多种鸟类。

历史上,温榆河的美景也被广为传诵。明代昌平人崔学履纂

金色温榆河　兰标供图

修的《昌平州志》中有讲述"燕平八景"的内容,其中有一处为"安济春流",就是指南沙河沙河店河段两岸的旖旎风光。这也是燕平八景唯一一处河流景观。如今,随着南沙河、东沙河的整治、补水,在河宽水清的沙河水面上仿佛又可看到当年"安济春流"的盛况美景。

丰水期的仲夏黄昏,前往沙河水库,远山近水,飞鸟翔集。在堤坝的另一岸,是沿水而建的沙河闸公园。北京7月的汛期过后,洪水沿堤坝层级倾泻而下,溅起白色水浪,为夏日的京城添了一份清凉,是一个不可多得的亲水好去处。

若你是骑行爱好者,则可以骑行于与之并行的"昌平区42公里骑行绿道"上,一边听水声,一边感受绿色,别有一番运动野趣。

自东沙河向南,经温榆河向东,昌平区还建起了多个滨河森林公园。其中,昌平新城滨河森林公园也被称为万亩滨河森林公园,其北起十三陵水库,南至京密引水渠,占地398公顷。如

昌平新城滨河森林公园 杨光供图

今，悠悠河水穿公园而过，枯水期的芦苇美，丰水期的荷花俏。一年四季，这里都是市民休闲放松的好去处。

随着社交媒体的兴起，近年来，横跨公园的昌平区南环大桥成了网友们新的打卡地，被誉为"哈利·波特桥"。这座建于2006年的悬索桥是北京市第一座悬索结构的公路桥梁，其样式古典且颇有几分魔幻小说《哈利·波特》里的"英伦味"，因此这里成为年轻人心里的网红拍照打卡点。有游客打趣说："这里是'麻瓜世界'通往魔法学院的入口。"

跨越昌平、朝阳、顺义三区的温榆河公园是北京最大的绿肺。在昌平境内，温榆河畔依托未来科学城"能源谷"建起了全市首个"碳中和"主题公园——温榆河公园·未来智谷。除了树木、绿地、鲜花和跑道这些公园的"标配"，这里还另辟蹊径，用无处不在的低碳元素打造了一个集休闲、科普、亲子、运动于一体的户外博物馆。

南环大桥("哈利·波特桥") 黄长生供图

一度电能做什么？气候变暖北极熊会遭遇什么？一辆车会产生多少碳排放……在未来智谷，这些与我们息息相关的"碳中和"小知识都被做成艺术装置。人们走进公园，不仅能感受路上的风景，还能聆听森林中那些"碳秘"知识。未来智谷不仅是一个能看的公园，还是一个能体验、互动的博物馆。互动答题、低碳扫描望远镜、启智机器人定制小游戏、低碳骑行消灭"碳源"、挥手就能弹奏乐曲的AI琴弦……一系列亲子游戏，让孩子可以一边玩一边学习低碳知识。所以这里已成为不能错过的遛娃好去处。

得益于良好的生态环境，温榆河昌平段也是垂钓爱好者最钟情的河段之一，其中，温榆河未来科学城段（土沟桥附近）还被北京市水务局列为首批22条段适宜垂钓区域之一。每年"清明前后，百鱼抢钩"之时，钓友们赶在天亮之前就来到河边，打好窝、架起竿，只等那鱼儿上浮透气觅食之际，体验鱼儿咬钩那一刻的惊喜。

千里运河源　文化新体验

2023年春日的一个周末，位于怀昌路与白府路交叉口的大运河源头遗址公园内人头攒动，热闹的舞狮表演、东沙河上徜徉的古船以及春日里竞相绽放的花朵，都为这座古老又年轻的公园增色不少。京杭大运河全线贯通整整730年后，其最上源的白浮泉再次亮相于世人面前。昌平的泉水为我们讲述了一个关于传承与复兴的故事。

历史上，昌平区泉水众多，可见地下水丰沛，而若论名泉，那白浮泉必当仁不让。著名历史地理学家侯仁之先生所书《白浮泉遗址整修记》中如此描述："昌平沿山一带多有流泉，其为利之溥，与历史上之北京城息息相关者，首推白浮泉。"

为什么是白浮泉？时间回到元朝，元定大都后，短时间里元大都内人口迅速增至100万，但将漕粮从运河通州码头运到元大都那"最后五十里"却成为难题。朝廷官员一筹莫展之际，郭守敬，这位中国古代天才式科学家经过多年寻访，找到了位于龙山的白浮泉。为了解决地势问题，郭守敬巧妙地采用"西折南转"的方式，首先引白浮泉水西行，从上游绕过两河谷地，然后循西山山麓转而东南，沿着平缓的坡降，并汇集傍山泉流，导水入瓮山泊（今昆明湖）。又从瓮山泊浚治旧渠道，汇水入积水潭，最后经玉河至通惠河。从此，大运河从南方运抵通州的百万物资，无须车马轮毂，可经通惠河漕运直入京城，在历史上留下了积水潭"舳舻蔽水"的盛况。

明初，官府出资在泉眼处修建了九个石刻龙头，泉水改由龙口中流出，人们称之为九龙池。明清时期，这里被誉为燕平八景之一的"龙泉漱玉"。然而，至20世纪50年代，白浮泉出水日渐减少。至七八十年代，由于北京地下水水位下降，白浮泉泉水逐渐干涸。龙山上曾因解决了通惠河漕运难题而敕赐修建的都龙王庙也被废弃。

凝聚着古人智慧的水利工程、展现百姓簪花祈福的民俗文化之地要就此湮没于历史中吗？2018年，白浮泉遗址迎来了复生的春天，一段传承和复兴的故事在这里讲述。在昌平区规划建设下，"一泉三庙一楼、两山两水两村"的构想成为现实，在郭守敬引白浮泉入瓮山泊700余年后，白浮泉遗址九龙池再次喷涌出汩汩泉水，重现了"龙泉漱玉"胜景。

在通赞铿锵的喊声下，仪仗、龙女、执事者、赞引、献官等先后有序地就位，开始了三献古礼的仪程。这是一场在白浮泉遗址公园上演的白浮泉都龙王庙游神大祭。古时，龙山上的都龙王庙曾是古代拜祭都龙王的圣地，随着白浮泉遗址公园重新开园，这些传统文化古礼也重新进入人们的视野。

白浮泉九龙池　李海涛供图

三献古礼完毕后，游龙神的队伍将龙神请上神轿，环绕龙山，前往白浮泉，在白浮泉碑亭内进行"投龙简"仪式，礼成之后，开始第二次巡游，将龙神请回庙中。所有流程都严格按照史书中对祈福的记载进行，即使相隔700多年，透过这些严密、虔诚又充满中华美感的仪式，我们似乎能与古人共情，感受那份对甘霖的渴望。

暑期，这里又迎来了研学团，孩子们体验了"龙泉漱玉"古线装、"白浮源"剧场书手工制作，打卡体验了古代黑科技"白浮瓮山河工程"。透过这些有趣的体验活动，文物不再是冷冰冰的，传统文化也不再是书中干巴巴的文字，它们在这些活动中"活"了起来，焕发新生。

"温泉+"打造微度假旅行地

"弱水三千只取一瓢"。在昌平小汤山镇,一家名为"小汤一瓢"的温泉度假酒店融合了新中式和日式装修设计,高品质的私汤温泉和丰富的打卡体验,让这里成为年轻人的泡汤"新宠"。

在昌平小汤山,温泉度假酒店是都市人假日"充电"的好去处。这汪自海拔50米高的小汤山山麓间涌出的天然温泉历史悠久。小汤山温泉的使用始于元朝,当时被称为"圣汤"。到了明清时期,这里被辟为皇家禁苑,小汤山温泉成为皇室专有的奢华享受。清康熙年间,这里还建起汤泉行宫。晚清时,慈禧太后曾多次来到汤泉行宫洗浴。

汤泉行宫已在八国联军侵华时被付之一炬,但如今小汤山温泉却"飞入"了寻常百姓家。在小汤山镇,"温泉+"的微度假模式成为现代都市人休闲放松的新模式,远方的诗固然撩人,但不必奔波就能安放倦意的近郊也是当今年轻人钟爱的栖息地。

在曾经汤泉行宫的范围内,古典园林式的九华山庄建立其中。沿着长满绿植的幽静小巷向内走,在黄色琉璃瓦、红色墙壁的建筑外,一个大大的"汤"字昭示了这屋内的玄机。据了解,周五、周六是客人最多的时候，尤其是冬季的节假日，用温泉洗去疲惫是很多都市人难得的放松时刻。

为了满足客人对于私密性的需求，除了大众浴池外，2022年开始，九华山庄增加了不同风格的私汤房间，比如，"班嘉房"就是以印度尼西亚巴厘岛一处温泉胜地命名的，入住该房间，不出京城便能体验海岛风情。

占地面积约300亩的御林汤泉也是一处不错的私汤选择。推开庭院竹制的小门，右手边是一棵开得正盛的紫薇花。这是御林汤泉的四合院别墅，每个别墅最多能住24个人，且每间房都配备了私汤温泉。小院的名字"玉堂春"则透露了院内丰富的植物，无论是公司团建还是亲友聚会，都能在这一方小天地里感受假日的闲适。

小汤山中国温泉之乡
昌平区文化和旅游局供图

当然，除了泡汤，来到这里的游客不能不体验的另一项活动就是采摘。御林汤泉300亩的园区内，有樱桃园、草莓园、杏园、西梅园、苹果园、蜜桃园等多个果蔬园区，果蔬采摘期近11个月，几乎可以说任何时候来到御林汤泉，都能体验到采摘的乐趣，品尝到瓜果的香甜。

小汤一瓢则为追求新鲜体验的年轻人准备了丰富的活动。汉服拍照、温泉悬浮下午茶是都市丽人不能错过的项目，而在酒店外侧，上万平方米的草坪绿地则设置了露营、秋千、射箭、飞盘、足球、篮球等运动休闲项目，无论是运动达人还是有着遛娃

凤山温泉　昌平区文化和旅游局供图

需要的宝爸宝妈，都能在这里一站式满足需求。

  运动休闲之后，还有比泡上一回暖汤更令人心动的事吗？夕阳下，映着光斑的红枫伸出庭院，让一汪流淌千年的温泉洗去身心的疲倦，在繁忙的都市生活中偷得这片刻宁静。小汤一瓢有26个私汤小院和6套私汤别墅，其中私汤小院以中式和日式为主，每一个都因其装修风格不同而设了独一无二的名字，比如"盘龙"，因户外庭院造型如同盘踞的龙而得名。私汤别墅以欧式为主，是家庭出游、团建聚会的好去处。

文/张月朦

推荐

🏛 十三陵水库

　　十三陵水库位于北京市昌平区北部温榆河支流东沙河上，水库紧邻明十三陵地区，因而得名。1958年，在周恩来总理的提议下，数十万名劳动者从四面八方赶来，义务投入十三陵水库的修建之中，仅用时160天，就将水库建设完成，毛泽东主席还亲笔题写了"十三陵水库"五个大字。在附近的蟒山等高处，可俯瞰如同明珠般的十三陵水库。此外，2021年，十三陵水库纪念碑公园被命名为北京市爱国主义教育基地，并面向社会公众预约开放。展室由十三陵水库大坝、纪念碑两部分组成，通过图片展板、多媒体互动、宣传画册、宣传片、历史文物展示等形式，全方位、多角度、立体化地展示十三陵水库的建设历史、水利工程设施运行以及生态功能作用等情况。

　　地址：北京市昌平区十三陵水库纪念碑公园、大坝长廊

　　开放时间：工作日上午9:00-11:00；下午01:30-03:30（参观时长约90分钟）

🏛 沙河闸湿地公园

　　沙河闸湿地公园位于昌平区温榆河与沙河水库交汇处，水库大坝南侧，以展示湿地水质净化能力和旅游休闲功能为主。游览过湿地公园后，可步行登上水库大坝，眺望沙河水库景色。景区免费，可沿着昌平区42公里骑行绿道骑行至此，感受温榆河美景。

　　地址：北京市昌平区沙河镇北京红枫湖高尔夫俱乐部北

🚌 昌平新城滨河森林公园、大运河源头遗址公园

昌平新城滨河森林公园北起十三陵水库，南至京密引水渠，占地398公顷，免费向游客开发。游客可根据行程安排从不同门进入，其中从西南门进入距离大运河源头遗址公园最近。而若想打卡"哈利·波特桥"，则推荐从主入口或西北门进入。游客若希望了解大运河源头遗址公园最新活动，可关注昌平文旅集团微信公众号。

地址：北京市昌平区南丰路

🚌 温榆河公园·未来智谷

温榆河公园·未来智谷公园位于昌平未来科学城东区"能源谷"内，七北南路南侧，公园免费向游客开放。未来智谷建设了二〇六〇、低碳驿站、碳心广场、童趣碳知园、青林集萃、花间竞技、聆溪入画、一"碳"究竟、森林画室、森林之环、生态客厅、"碳"索之路等十二个主要景点，通过沉浸式游览体验、场景式应用示范、积分式游园体系，有"碳的世界""中国力量""和谐家园"三大主题区。

地址：北京市昌平区七北南路温榆河公园内

🚌 响潭水库

响潭水库位于昌平区南口镇南羊路西侧，被称为"南口明珠"，水库位于峡谷之中，因"深潭有声"故取名响潭，是一座以供水为主，兼顾改善和调节生态环境之功效的水库。如今水库一侧建有观光步道，步道两侧树木葱茏、风景如画。沿步道登上山顶便可一览响潭水库全貌。

地址：北京市昌平区南口镇南羊路西侧

🚌 王家园水库

王家园水库位于昌平区流村镇,水库由清华大学水利系师生社工在1958年建造,是我国当时第一座过水土坝。库内多白鲢和马口鱼,其次是鲫鱼、鲇鱼和鲤鱼。如果运气好的话,还可以看到偶尔在水面游弋着的大青鱼。水库所在的王家园村内,民居多为灰白的徽式建筑,格外惹眼,是摄影的好地方。

地址:北京市昌平区流村镇白羊沟自然风景区北禾路西侧

🚌 小汤一瓢

小汤一瓢位于昌平区顺沙路110号一瓢园区内,是集私汤、餐饮、休闲于一体的综合性私汤度假酒店。一瓢园区分为私汤小院(庭院区)、维密花园(别墅区)以及草坪露营休闲区,能够一站式满足大家住宿、娱乐等度假需求。

地址:北京市昌平区小沟山镇顺沙路110号一瓢园区内

🚌 九华山庄

九华山庄位于昌平区小汤山镇顺沙路75号,是一家集商务会议,休闲娱乐和医疗保健为一体的温泉度假酒店。这里占地2000多亩,包括温泉文化主题公园、100个不同规格的会议室以及囊括别墅套房、四合院、标准间不同类型的客房2300余间。

地址:昌平区小汤山镇顺沙路75号

▶ 小汤一瓢度假酒店
张月朦供图

御林汤泉

御林汤泉位于北京小汤山国家农业科技示范园西区（有机果品采摘区），是一家占地300余亩的现代特色的温泉农庄。农庄以生态农业为依托，集都市农业观光、采摘、垂钓、会议、餐饮、休闲度假为一体，这里将农业与旅游有机结合，让游客在享受温泉的同时也能体验采摘、垂钓等休闲项目。

地址：北京市昌平区小汤山镇国家农业科技示范园西区内

第四章 登高

西江月·昌平登高

常问哪得仙境,
观照玉宇澄清。
京北何处觅巅峰,
花雨琼瑶助兴。

天寿天人合一,
白虎笋削如屏。
最喜燕山烟岚翠,
朝阳映出秘境。

问景哪得神仙造
昌平奇观必登高

侯仁之先生说,"北京城是在'北京湾'里生长起来的一座大城"。北京东、西、北三面环山,燕山山脉与太行山脉环抱着中间的平原,如同一个海湾,被学者形象地称为北京湾。而我们的主角就是地处两座山脉分界处的昌平。

北枕军都,西拥太行,东临沧海,南望京师,这是昌平的地理位置,也是昌平自西汉设县,作为边防重镇、京畿之地的内在原因。地处两座山脉的分野,独特的地理背景让昌平区内不乏大自然鬼斧神工所创崇山峻岭,而帝王将相文人墨客的镌石题壁,则让昌平区的山又多了一份人文与历史的厚重。

昌平山地集中在西部和北部,西部山地统称西山,属太行山脉。地质运动形成的断层让这里山地与平原界限分明,形成了极富视觉冲击力的山峰,昌平最高峰——高楼山坐落于此,海拔1439米。

北部山地统称军都山,属燕山山脉。军都山是约1亿年前燕山运动形成的断块山地,山体大致呈东西向延伸,主要山峰海

蟒山　杨江供图

拔在1000米左右。昌平区境内大多名山皆属军都山，如山下埋葬有明代13位皇帝的天寿山、能俯瞰十三陵水库的蟒山、发现新石器文化遗址的雪山、峭石林立崖壁铁青的银山等。

　　而在太行山与燕山之间，则是那条长约18公里的峡谷——关沟。这里历来是交通要道，而关沟南端门户南口更是兵家必争之地，北方游牧民族欲南下入主中原，而南方农耕文明则设险据守，拱卫京师。

烽火燕山——农牧交界　巨龙盘踞

提到昌平的山,长城是绕不过的一环,依山而建的巨龙绵延万里,早已成为中华民族的象征。北京长城文化带是万里长城的精华段,而位于昌平区的居庸关长城以其"雄、奇、险、峻",早在古时就被称为"天下第一雄关"。两山夹一水的自然环境,让居庸关据险制塞,自秦始皇建立统一帝国后,这里就成为国家的军事重镇,成为北方游牧文明和南方农耕文明的交汇见证。

居庸关长城
昌平区委宣传部供图

当现代交通工具取代车马，居庸关也完成了军事要塞的历史使命。但从景区内重建修复后的历史建筑中，我们仍能嗅到当年居庸关作为军事重镇的宏大规模。穿过距今已有600余年历史的云台，登上马蹄形的南关瓮城，便进入了居庸关历史遗迹最为丰富的段落，户曹行署、粮仓、书馆、神机库（即军械库）、城隍庙、吕祖庙、真武庙、关帝庙、马神庙、表忠祠，这方城关可谓"麻雀虽小五脏俱全"。

有趣的是，瓮城之上的一字楼原是明代风格的建筑，却因可爱的造型被称为"猴楼"。原来，动画片《西游记》中，孙悟空在与二郎神斗法时情急之中摇身一变成为一座小楼，溜圆的眼睛化作楼上两扇窗户，与居庸关上的一字楼如出一辙，因此一字楼也得名"猴楼"，成为不少小朋友到此打卡合照的网红景点。

据了解，居庸关长城景区开发了内容丰富的研学课程，"兵器考古"主题带你穿越回冷兵器时代，"大明寻宝"主题则带领孩子们体验文物修复，"长城筑造者"主题让孩子们了解并体验万里长城的筑造过程，"长城当差"主题让孩子们现场制作攻城弩，当一次守城官兵，最为惊喜的则是"长城星空帐篷"项目，孩子们参与其中能与古城墙为邻，以天为被，以地为床，在群山环绕之间体验夜长城的魅力。

不只在居庸关，昌平西部的流村镇，也有一段险峻巍峨的长城，这里还是昌平最高峰所在地。如今驱车顺着南雁路过高崖口进入高芹路，沿盘山路不断攀升，看着远处高耸的山峰在镜头中逐渐被拉近成为路侧的险峰。转入禾子涧路，再进入黄长路，耳塞的感觉提醒我们海拔仍在攀升，远处横亘的山脉此时有了纵深感，高矮错落，连绵不绝。见到此景，你就离我们此行的终点——昌平最高峰高楼所在地——流村镇长峪城村不远了。

长峪城村位于昌平区西北端，翻过山梁就是河北省怀来县，这里平均海拔800米，素有"昌平小西藏"之称，是京城避暑胜地。当看到一处形似城堡的瓮城，长峪城村便到了。村内现存两座城，一座城为旧城，一座城为新城，两城间约300米，建设时间相距约50年，均为明代建设，用以屯兵驻防。

长峪城村
张月朦供图

居庸关长城-花海 ▶
朱树堂供图

    沿着村内道路北行，经过一处碧绿如洗的水库，沿山路斗折蛇形而上，便可自高处俯瞰虬龙般的长城。这段自八达岭而来的长城—流村镇段于此再折向西进入河北怀来县境内，该段长城距离长峪城村西北5公里，长约2.3公里，其上有14座敌台及马面，构筑在一道分水岭之上，外侧为永定河流域，可俯视官厅水库，内侧为温榆河流域。

    除了长城，山顶上为风力发电而建的风车又为长峪城村添了一份浪漫。不少徒步爱好者将这座山称为"风车山"，它因此也成为京郊有名的徒步路线。夏季来到长峪城村，老人孩子可悠闲步行至水库纳凉，有余力者还可徒步至"风车山"远眺，看山海间风车转动。若是登山爱好者，还可登高至高楼长城完成环线，打卡昌平最高点。

四时燕平——春夏秋冬　四季皆宜

    春夏秋冬，四时不同，登高的乐趣不仅在于向上攀登时每一步景致的变化，更在于山林间的四季变换，春的娇艳、夏的浓烈、秋的萧瑟、冬的料峭，每一季皆有不同景致，每一季都同样动人。

在昌平，这山林间的风景因时而变，无论来过多少次，也总能被那不经意的美景所打动。

春季，你不能错过的便是那"开往春天的火车"。每年3~4月，乘坐北京市郊铁路S2线，你就能在居庸关脚下穿越漫山遍野的山桃花和山杏花，感受春季带来的粉色浪漫。当列车在铁轨上缓缓行驶，沿途开满花朵的树丫轻轻摇摆。一个转弯，映入眼帘的不仅有布满枝头的粉色花朵，还有空中扬起的无数粉色花瓣。

若是想看到列车穿越花海的全景，摄影爱好者则可以登上居庸关村九仙庙东坡的花海栈道。这条由昌平区政府在2019年建设的栈道长2000多米，共设有4处观景台、17处休息点。当然，居庸关长城5号敌楼也是绝佳观景点。每年山花绽放时，这条栈道上总是挤满了摄影爱好者，不过山桃花易谢，每年花期不过半个月，想要一睹穿越花海的火车，小伙伴们可要找准时机。

当山林褪去春日的盛装，迎来了一年中最为葱郁的时节——夏季。在十三陵镇大岭沟猕猴桃谷风景区，森林覆盖率超过90%，景区内长达2500米的木栈道上几乎"五步一小台，十步一大亭"，体力有限的老人孩子在这里也能轻松登山，感受夏日山间的清凉。怪石也是这里的一大特色，"海豹望月""天狗守门""母子情"等形象生动的名字让这些天然的山石仿佛有了生命。

北京十三陵国家森林公园蟒山景区也是一处夏日攀山好去处，森林覆盖率为96.5%，堪称北京地区森林公园面积之最。如今这里夏日满目苍翠，但几十年前这里还是一片荒山，森林覆盖率不过30%。1981年，经邓小平同志提议，全国人大通过了《关于开展全民义务植树运动的决议》，此后，一场植树造林、绿化祖国的运动在全国展开，邓小平同志曾先后两次来蟒山植树，在他的带领下，蟒山成为中直机关义务植树基地，如今是北京市义务植树教育基地。几十年间，这里种下了面积近13万亩的人工林，绿色成为蟒山的主题。

如今来到蟒山，来到邓小平植树处，便可看到当年邓小平同志种下的一棵白皮松。在公园管理部门的养护下，这棵白皮松已长得枝繁叶茂，成为蟒山公园的象征。旁边的石刻上留下了邓小平

蟒山　昌平文旅集团供图

同志对植树造林的寄望:"植树造林,绿化祖国是建设社会主义,造福子孙后代的伟大事业,要坚持二十年,要坚持一百年,要坚持一千年,要一代一代永远干下去。"在蟒山,伴着夏日蓝天,依着两侧翠绿,一路沿着1299级登山步道上行至观景台,眺望十三陵水库如同一颗蓝宝石镶嵌山间,而另一侧明十三陵红墙黄琉璃瓦在葱郁的山间更显威仪。明十三陵背靠天寿山,面向开阔的京师,站在蟒山上俯瞰,更能理解当年明成祖将此选为"万年吉壤"的深意。

如果要选一个季节来北京,那首选一定是秋天,正如老舍先生笔下"北京的秋天"。在昌平,秋日的山色同样令人欲罢不能。当秋风渐起,蟒山的黄栌、元宝枫、火炬树、地锦被吹红了

脸颊，满山都是这火红的色彩，山下的十三陵水库也在红叶中被映衬得格外透亮。秋日里，大岭沟的山也披上了红衣，枫叶流丹，层林尽染，美不胜收。你若细心搜寻，或许还能发现树上已结果的山楂和野生猕猴桃，体验采摘的乐趣。

在居庸关，除了春日花海，冬季"居庸霁雪"也是难得的美景。当冬日白雪覆盖居庸关两侧群山，关城纵深排列，万里长城此刻成为一条"雪龙"盘踞于燕山之上，更映了崔学履那句"雪后琼瑶接霄汉，云连冰玉浑幽燕"。

在因佛塔而闻名的延寿镇银山塔林景区，冬日里有了另一个名字——银山铁壁。银山之所以得此名，是因为其冬日雪后，漫

长城之雪　昌平文旅集团供图

山皆白,与深黑色石壁形成鲜明对比,互相映衬,景色异常壮观,故称银山铁壁。而与居庸关雄伟壮丽的群山不同,这里的山如同刀劈斧凿,山势险峻、山崖陡峭,冬日到访,更添一种凛冽之感。

人文昌平——天寿山脚　帝陵形胜

若以海拔和险峻而论,在北京众多高山之中,昌平的山或许并不突出,但昌平自汉代设县,至今已有2000余年历史,千年间,无数文人墨客到此游历,留下诗文石刻等人文遗迹,这些宝贵的文化遗产,让昌平的山"辈分"高出许多。

那原本不起眼的黄土山,因被明成祖朱棣选为帝陵而声名鹊起,也有了"天寿山"的美名。朱棣在看过术士选的黄土山地形图后决定亲自前往阅视,站在黄土山主峰前的高岗上,远观这里群山环绕如围屏,中部盆地开阔平坦,且东、西山口两水汇流,朱棣不禁大喜,将此处定为自己与后世子孙的"万年吉壤"。顾炎武在考察昌平时见天寿山也不吝赞美:"群山自南来,势若蛟龙翔;东趾踞卢龙,西脊驰太行;后尻坐黄花,前面临神京;中有万年宅,名曰康家庄;可容百万人,豁然开明堂"。

明十三陵长陵-蓝天白云　杨连成供图

如今游客来到明十三陵,更热衷于游览长陵里威严肃穆的祾恩殿和定陵里神秘莫测的地宫,明十三陵不仅仅是十三座帝陵,还与周边的一草一木一山一水协同,形成了既庄严肃穆又包含礼制秩序的明文化。侯仁之先生在考察明十三陵时曾说,"这一名胜的特点不仅在于它有明代帝王的一些巨大的陵寝建筑,同时也很富有地理上的趣味。它的东、西、北三面,峰峦耸立,如屏如障,只有正南一面开向北京城所在的平原,而且就在这开口之处,恰好有两座小山,东西并列,把这一带陵域封闭起来,形成了方圆将近40平方公里的一个小盆地。"

如今,当你登高远望,夕阳西下之时,霞光让明十三陵红墙黄琉璃瓦的建筑更加鲜明,与周围苍翠的松柏古树相得益彰,更能体会到古人所追求的天人合一之境。

昌平阳坊镇境内的北京后花园风景区神岭山,因奇峰怪石被誉为"燕平八景"之一的"神岭千峰"。又因金章宗频频游历至此而引得一批文人墨客光顾,故而留下许多摩崖石刻。神岭山是太行山脉往东延伸向华北平原的突出余脉,山尽处,山峰散落了风格各异的山石仿佛突然从高处跌落,据传,古人认为此处石笋状山峰的独特景致是天公神仙所造,故名神山或神岭山。

如今再去北京后花园风景区,虽早已看不到金章宗所题"驻跸"二字,但仍有许多精美石刻等待游人的发现。不仅如此,这里的山峰怪石也值得细细品味,望天吼、盘龙石、神象饮水……古往今来,人们为这些奇石赋予了生动有趣的名字,也留给游人无数天马行空的遐想空间。

在蟒山,游人多来此登山健身,但却少有人知道这里有上百块以绿色为主题的碑林,这些由邓拓、宋任穷、董寿平等书法家和老一辈革命家题写的书法石刻有着较高的文学和艺术价值。众多石刻中,一块题有"燕山翠屏"的石刻颇有故事。在蟒山工作了二十余年的康益敏介绍,这里大多数石刻都是20世纪90年代一位老石匠所刻,而"燕山翠屏"因其独特的雕刻技法和所处位置,每当清晨阳光斜射到石碑上,原本凹进去的字体看起来却如同凸起一般,因此这里成为一道独特的景观。

文/张月朦

推荐

🚌 居庸关长城景区

　　居庸关长城景区位于距北京市区约50公里处，是万里长城中久负盛名的关隘。现存遗址系明代建筑，城周约6.5公里，跨翠屏、金柜两山之间。居庸关除建有南北瓮城、城楼、敌台、水门等功能各异的配套建筑，构成完整严密的军事防御体系之外，城内还有元代所建的过街塔塔基，名为"云台"。台下刻有四天王、十方佛等精美的石雕图案，六种不同文字的经文，是研究元代宗教和各民族文化交流的重要依据，是现存元代石雕艺术的精美杰作。2022年起，每到夏秋季，居庸关长城开启夜游，光影共同勾勒出长城蜿蜒的身形，宛如巨龙般盘踞在山川之上。此外，景区还推出灯光秀表演，不同主题的文艺演出，让你沉浸式体验"实景幻城"。

地址：北京市昌平区南口镇居庸关村

门票：成人40元、优待票（学生等）20元、60岁以上老人免费

夜长城体验：98元（1.2米以下儿童免费）

居庸关城门楼　杨广文供图

🏛 北京十三陵国家森林公园蟒山景区

北京十三陵国家森林公园蟒山景区位于昌平区东北部，因其山势起伏如大蟒故名蟒山。景区在十三陵水库坝东边，规划面积为8622公顷，是北京市面积最大的国家森林公园。蟒山地处燕山支脉军都山，最高峰659米，丘陵地貌，属暖温带大陆性季风气候，森林覆盖率为96.5%，有林面积465公顷，有各类树木花卉176种。公园还拥有北京最大的石雕大佛高9.99米、北京最长的登山台阶1299级、北京最高的仿古明塔和彩绘长廊。

地址：北京市昌平区蟒山路2号

门票：成人30元、优待票（学生）15元、老人/儿童/残疾人等免费

🏛 大岭沟猕猴桃谷风景区

景区位于昌平区十三陵镇大岭沟村北侧山谷，山谷中山清水秀、风景宜人，并且有着大量野生猕猴桃树，因此得名。猕猴桃谷呈南北走向，长约4公里，交通便捷，距昌平城区25公里，距北京城区58公里，景区地势平缓，最高海拔590米。景区及周边地区盛产野生猕猴桃、野生酸枣、银白杏、核桃、红果、板栗、李子等果品。景区依山势修建有全长约6.5公里的木栈道，方便游客登山游玩。

地址：北京市昌平区十三陵镇大岭沟村

门票：成人30元、优待票（学生/老人）15元

🏛 北京后花园（白虎涧）风景区

景区位于昌平区阳坊镇，占地778万平方米，主峰高880米。这里自金代以来便是历代帝王巡游的圣地，著名的"燕平八景"之"神岭千峰"曾让多位帝王、名士心旷神怡、流连忘返并叹喟"神山拱佑、灵秀独钟"；世人皆赞"神岭归来不看山"，由此留下了多位帝王及名人墨

客的手迹，以及美丽动人的故事。在这里，奇特的自然景观与人文景观珠联璧合、相映成趣，是北京"西山文化带"的组成部分，春看万亩桃花，夏避暑洗山泉，秋赏多彩秋叶，冬观冰瀑戏雪，是京郊绝佳的旅游度假景区。

地址：北京市昌平区阳坊镇后二路

门票：成人60元、优待票（儿童/学生/老人等）30元

🏛 流村镇长峪城村

流村镇长峪城村与门头沟区、河北怀来县毗邻，位于昌平区西北端，也是昌平区海拔最高的村落。从村子向北4公里，就是明长城了，这处长城长约2.3公里，其上14座敌台及马面，构筑在一道分水岭上，而这段长城的最高敌台"高楼"便是昌平区海拔最高处。除了巍峨的长城，长峪城村附近的黄花坡风景区自然生长着300亩野生黄花，7月盛夏，漫山遍野都是盛开的黄花，景色美不胜收。

地址：北京市昌平区流村镇长峪城村

🏛 虎峪自然风景区

虎峪自然风景区位于昌平西北9公里京藏高速路北侧，这里集自然与人文景观于一体。据传，虎峪南面的小金山土壤呈红色，在晴空中午，行人途经此地，若穿着浅色衣服，就能被映上橙色，十分耀眼，故称之为"虎峪辉金"，这也是"燕平八景"之一。如今，景区内最高峰磨盘山海拔1066米，山峰峻拔，雄伟壮丽，地势曾被形容为"苍龙蠕据、白虎居蹲"。每到冬季，景区天然和人工形成的冰瀑景观壮丽而秀美。此外，景区内也会开设冰场，供游客赏景玩乐。

地址：北京市昌平区南口镇虎峪村北

门票：平日成人40元/人、周末节假日60元/人、18岁以下未成年人、60岁以上老年人、全日制大学本科及以下学历学生半价

第五章  小宿

如梦令·昌平小宿

远村古琴裸木，

峰回路转深处。

仲夏夜行人，

尽兴循香一住。

光顾，

光顾，

别样心情小宿。

"吱呀"一声木门响
民宿主人迎客来

一方民宿,几分自在。在京北昌平的村中小宿的确别有情趣。春来山花齐开放,夏至清风满厅堂,秋来柿叶红模样,冬至山梅带雪霜。行走在昌平大地上,风格迥异的民宿如星星点点的明珠四处散落,这是大隐隐于市的悠然之美,是"琴棋书画诗酒花茶"的鼓瑟之娱,丰俭由人,皆如你愿。在这里,慢下来是一种生活态度,随意选个时节小住几日吧!那份心仪之快且听笔者慢慢道来。

隐藏在大山里的精品民宿
昌平区文化和旅游局供图

风格：中西空间多样，动静各得其所

陈设布局的视觉冲击，往往总能吸引眼球，激发人们对一间小院的向往。从满眼田园风光的北方民居，到简约现代的温馨小屋，或是禅意十足的古典庭院，遍览昌平，最为鲜明的特点就是精品民宿的多样性，承载了不同风格的院落，可供游人随意挑选，各得其所。

来到兴寿镇辛庄村，叩开梅花斋的赭色木门，"吱呀"一声，这个美丽的小院儿便呈现于眼前：院子没有过多修饰，房屋的砖、石、木裸露着本色，中间一个四四方方的天井，植有紫玉兰、柿子树、苹果树、杏树各一棵。听主人说，今年杏树结了满树果子，远近邻居都得尝美味。树下一方带水池台，设几个蒲团，可静坐抚琴，也可品茶闲谈。环绕着天井四周的是客房和公共活动区，后者墙上挂满了主人亲手抄写的经文。一幅长达百米的古琴谱尤为亮眼，记录了数十首楷体写就的古琴曲，从《高山流水》到《庄周梦蝶》，主人一笔一画沉淀了十余年的时光。楼上楼下共计7间客房，均陈设简约，白色主打，且配备有茶具和茶叶。若是碰巧，还可伴着主人弹奏的悠扬古琴声，一个人、一本书、一壶茶,余音绕梁中,消磨一日时光。怪不得不少房客说,一住进来便不由地心生安宁。

梅花斋的主理人吴锡如道出了这个小院的奥秘:院子自建造之始即遵循顺其自然的原则,院中四棵树本已栽植多年,改建小院时丝毫未动。四季更替皆在此,春来,赏玉兰微风轻拂香四溢,秋至,看野鸟相呼柿子红。"是时心境闲,可以弹素琴。清泠由木性,恬澹随人心。"

驱车沿着安四路、银山路一直往西北而行,便可抵达银山脚下的延寿镇湖门村,在"银山宿集"小住一晚,也是一件幸事。10个独立小院就散落在这个依山而建的村落中。这些寻常民居,均是北方四合院风格,如今被精心拾掇成一个个独立小院,供游人小憩。

梅花斋小院内景　民宿主供图

小院的名字颇有意趣："柿子红了""吉栗舍""山楂恋""核桃源""银心阁""石榴居",相应的院中确植有柿子树、栗子树、山楂树、核桃树、银杏树、石榴树。推开房门,可在院中休憩,透过院子,又可眺望远处银山层峦叠嶂。不经意间,村中传来几声鸡鸣,打断了飘然思绪,才恍然悟及,这里既有清远风光,又有人间烟火的日常。

若是你喜爱旧物,则不妨去十三陵镇万娘坟村的"壹光年小院"看看:院中到处都是店主精心淘回来的老物件,一砖一瓦、一草一木,皆有历史,一块块厚重的老石条、石槽如同这个小院的名字一般,静静地诉说着时光的故事。院子里大部分家具是就地取材,茶桌是香椿木,餐桌源自邻居家几年前砍下的槐树,床头柜是柴火堆里找出来的木墩子,高矮胖瘦各不相同。

西山脚下,阳坊镇的"后院Rareyard Village"民宿则是另一番光景:一组环型吊灯之下,偌大的公共活动空间主打美式工业风,五颜六色的酒瓶将酒吧台装点得活色生香。方便折叠收纳的桌椅可供用餐、饮茶闲谈。一张台球桌静置其间,散发着几分闲适,若是手痒难耐,则可抄起球杆大显身手。西侧一排皮质沙发,配合壁炉书架,供人"围炉夜话"。除此之外,民宿还有3个分别可容纳10人左右的院子,3栋家庭式微墅loft,户外还有一片2000多平方米的京郊农场式帐篷露营地。宴会餐厅、咖啡厅、观影室,可以围炉煮茶、品涮肉火锅、吃烤全羊……"后院

风·顾事小院
休闲空间
民宿主供图

Rareyard Village"民宿主打团建聚合社交空间,功能更多元,体验感强,也十分符合当下年轻人休闲玩乐的需求。

从中式美学到西式风格,从北方民居的烟火气到佛门净地的淡然,在昌平,小宿的风格随心所欲。

娱乐:吃喝玩乐,男女老少尽享自在

郊区小宿,或为会友、或为亲情、或为聚会"轰趴"、或为亲子游乐……从"疯玩"到"发呆",从"社牛"到"社恐",人们总能在昌平的万千小院中找到适合自己的好去处。

在崔村镇，一处名叫"朱眷"的聚会场馆，被网友爱称为"猪圈"，在这里可以尽享快乐：地下一层，目之所及之处，各种设施和聚会空间，KTV、台球、乒乓球、桌上足球、游戏机、投屏、看书区、餐厅、露台、烧烤……这里配备了很多聚会应有的娱乐元素，让人肆意撒欢。无论是朋友聚会还是家庭聚会，均可让"社牛"们在玩闹中释放天性、暴露本心，更能收获一份无拘无束的称心快意。

想带孩子痛快玩耍，享受温馨的亲子时光，昌平的儿童主题民宿也有不少。流村镇长峪城村的"望幽谷"配备了儿童帐篷、儿童玩具、儿童滑梯，应有尽有，连房间里的天花板上都吊着秋

梅花斋的公共活动　民宿主供图

千；在流村镇的白羊城村,"葵花小院"内,五颜六色的小贴纸点缀了整个小院的角角落落,咧嘴大笑的太阳公公、展翅飞翔的小鸟、红红绿绿的小花、火红的灯笼、忙碌的小蜜蜂……到处可见充满童趣的元素,一下子让整个小院鲜活起来,连公共区域的休闲桌椅也是彩色的。偌大的儿童游乐房内,有孩子最爱的蹦床、滑梯、积木……这些选项可满足家长遛娃的各种娱乐需求。

要想逃离城市喧嚣,寻得片刻安宁,不妨找一个春暖花开的日子,到十三陵镇"麓之松松"小宿。登上老房子的二楼玻璃露台,端一杯茶,或翻翻书,或静坐冥想,或独自发呆,沐浴春日暖阳,远眺山花烂漫,收获满眼春光。只要无人叨扰,"社恐"便尽享自在。

兴趣：创意空间,让每一种爱好都有处安放

通过民宿主人的创意开发,民宿的跨界融合也成为民宿经营发展的一个重要创新与突破,不仅给昌平的文旅经济增添了不少亮色,更让时髦的"斜杠青年"们能在这里找到对味的标签,走心的设计和多样的定位,吸引着络绎不绝的游人自八方而来。

如果你是个酷爱花草植物的文艺青年,不妨到十三陵镇的

风·顾事小院打个卡。小院就藏在仙人洞村一处不起眼的小巷中,循着导航可以轻松抵达。7月里,小屋门头处,一丛茂盛的凌霄花从院内探出,随着微风轻轻摇曳,似乎在释放主人邀约远方来客的热情。"风·顾事",一块手写的招牌贴在门边,树叶的影子在墙上随风而动,让静谧的夏日多了少许灵动。走进院内,别有洞天:迎面而至的是一个阳光花房,数十种新鲜花束和盆栽将小院装点得绿意盎然,有丁香、蔷薇、海棠、吊兰、龟背竹,还有各种叫不上名字的花花草草,高的、矮的、草本的、乔木的,东一丛、西一簇,好不热闹。阳光透过玻璃洒在绿叶上,滋润着植物静静生长,这里充斥着旺盛的生命力。院内还摆满了

风·顾事小院　民宿主供图

各种可爱的陶艺作品，有大师作品，也有民宿主人自己烧制的。

"小院是我们与房客朋友分享的一个家，我们希望提供家一样的温馨和便利。"小院主理人孙乔伊说，她的母亲酷爱花草，便精心装点了这个院子。随着季节更替，她们每月都要到花市采购当季最新鲜的花草，因此，这个小院里四季有花。如果愿意，住进这里的房客也可以兼职"园丁"，与主人一同帮忙照顾这些花花草草，隔三岔五地浇浇水，体验园艺生活。对于爱花之人，这个私家花园小院当属不二之选。

如果你是个露营爱好者，昌平也是露营天堂，可邀你共赴一场山野狂欢。"今日放空，不理世俗""晚风踩着云朵，月亮贩卖寂寞，而你来自万顷银河，是我翘首以盼的快乐"……在北七家镇的丘比特露营地，有趣的标语彰显着年轻人的生活态度。约上三五好友，在茂盛的林间支一个白色帐篷，在烤肉的香味中觥筹交错、大快朵颐；或拉一张大大的幕布，点一场最爱的电影或球赛，享受星空之下的畅快，让烦恼飞到九霄云外。

倘若你是个"铲屎官"，则可以带着"毛孩子"一起到宠物友好的"凉栈花园"消遣一番。在流村镇老峪沟村的山脚下，这个4000余平方米的小院拥有一片空旷的草地，"毛孩子"可在草地上打滚、狂奔。拥抱满眼绣球繁花似锦，悠然穿梭小院栈道间，尽享片刻的逃离感，生活的惬意大抵如此。

假如你是个骑行爱好者，位于延寿镇北庄村的严方院则能让你找到强烈的归属感:小院内有4个房间可供人小住,洗去骑行一日的疲劳。小院合伙人方祥说,这里是昌平区官方骑行驿站的一个点位,会给路过的骑行者提供家一般的服务,包括有专门供自行车停放的挂架,给骑友提供的免费咖啡以及各种补给。来这里,也许还能遇到一群志同道合的人。

品位:志同道合,小民宿可聚大社群

民宿,可以将其称之为"家庭旅馆"的一种,相当于主人邀请别人到自家做客、小住,从心态上来看,是民宿主将自己的生活空间与他人分享。主人对空间的用心营造,也必然会传递出与主人相关的思想、文化和价值观。如今,昌平不少民宿延伸出了文化的意象,让小院一下子有了松弛感。借用京绣主题民宿——"春上村SU"主理人金馨的话来说:"我希望我的民宿是有主人文化的。"这是民宿主人用匠心营造的精神符号。

于是,踏进位于十三陵镇麻峪房村的"春上村SU",一场独特的中式美学之旅便开启了:偌大的公共客厅,精心设计的家具及布局展示着主人别样的品位,阳光透过一整排落地窗洒进屋内,玻璃窗上绿树掩映,清风徐来,树影婆娑,与悠悠蝉鸣交织成一幅夏日美卷;客厅正中央,一幅2米见方的百鸟朝凤京绣作品最为亮眼,凑近了看,一针一线穿花纳锦、巧夺天工,绣品正中间,一只绚丽的凤凰昂首展翅,百鸟环绕四周,鸟兽栩栩如生呼之欲出,这正是故宫收藏的明朝时期百鸟朝凤图的复制品。小院的5个客房内,均点缀有一幅或多幅京绣作品,五牛图、寿字图、鸳鸯戏水图……挂画、床帐、家具、摆设、日常用品等,都用京绣进行装点,四处散发着浓浓的非遗气息,其中有不少还是获奖作品。精致独特的非遗技艺,在这里被植入了日常生活。这也是北京第一家京绣主题民宿。

春上村SU的公共客厅　蒋若静供图

风·顾事小院 院中摆满了陶艺作品 ▶
民宿主供图

这家民宿的主理人金馨本身便是一位知名的京绣非遗传承人,也是北京市工艺美术大师,她曾参与过明代文物百子衣的复制工作。她的京绣工作室就在隔壁的小院,通过工作室,她培养了一批农村绣娘。借由这个空间,她希望每一个来这里住宿的人都能亲手触摸传统文化之美,也让传统文化为更多人所熟知。主人以创作的态度,精心打磨出这家小院独有的特质及美感,让这个院子变成了有生命、会成长的空间。

位于兴寿镇的"侃谱空间小院",则整体沉浸在艺术气息中。这个小院藏匿于有着"画家村"之美誉的下苑村,村里常住艺术家有40余户,涉及绘画、雕塑、书法、电影、摄影、音乐、舞蹈、设计等多个门类。而侃谱空间3号院总是让文艺青年纷至沓来:500平方米的小院里有一排北屋、一栋西楼、一栋南楼和一棵上百年树龄的枣树。小院一共有7间客房可对外,主打中式简约风。西楼一层是公共客厅,这里也是个艺术展示空间,墙壁上挂满了艺术家的小幅作品。玻璃落地门窗可随意开启,让大厅与正中间的院子真正地连成一片。

赵峰是这个小院的主理人,他还是一位画家,2005年来到北京生活,从事绘画创作与策划艺术展览,2007年起,扎根下苑村。他希望这个空间成为表达艺术理念的新载体,结合下苑村的文化底蕴,他在小院内打造了各类艺术体验活动,绘画、音乐、展览、手作……枣树之下,无限艺术灵感在此生发。住在这

里，游客可以零距离触摸艺术，感知下苑村的文艺内核。此外，侃谱民宿已与艺术家合作，在村内多处打造了绘画主题民宿、音乐主题民宿、现代舞主题民宿、艺术家骑行俱乐部、越野俱乐部、艺术手做市集等空间。

对于这些小院，赵峰心怀期许：艺术的融入，赋予了自然和农村地区新的魅力；艺术和自然的融合又能吸引更多城市人群，特别是年轻人的来访或回归；外来人群又随之带动了当地餐饮、住宿，刺激了地方经济，更促使当地人自发地美化环境。这是一个良性循环。

民宿是一种生活，也是一种艺术。一个优质的民宿主人往往懂得"品味生活"，将自己的志趣巧妙地融入民宿里，也让客人参与到这种生活品味中。当小院被注入了灵魂，有了内在的美感，产生了精神上的吸引力，房客便对小院产生了强烈的认同感，此时，小院也就有了不竭的生命力。

文 / 蒋若静

推荐

银山宿集　蒋若静供图

🏛 庭栖慧舍民宿

庭栖慧舍民宿主打原筑院落和庭院休闲，以"静中取境"为特色。禅意风格、新中式风格、田园风格，原筑风格……民宿中不同风格的院子拥有不同的意境。此外，院中配置恬静的墙画、旧式的条案、藤椅及木质小桌，各种元素都给人营造出一种身处世外桃源之感。读书、品茶、聊天、发呆、赏景……在恬淡的环境中，感受一份远离城市喧嚣的宁静之美。

地址：北京市昌平区十三陵镇仙人洞村

🏛 云放汤泉艺术酒店

位于崔村镇真顺艺术小镇的云放汤泉艺术酒店是个颇具特色的民宿，也是不少市民钟爱的打卡地。其中共有16个独立小院，一院一景观、院院不重复，院内红砖与绿植相映，大树与客房相依，环境优美典雅，每个独立院落均配备一个汤池，与天地浑然一体，树与石交相呼应，可以享受私密而又雅致的自由生活空间。

地址：北京市昌平区崔村镇真顺村原兴华印刷厂院内22号

严方院

严方院位于北庄村，毗邻延寿寺，是大杨山—百合—望百路—怀长路骑行路线的折返点和休息驿站。店家最大限度地保留了村居本身的特色，一门一窗、一砖一瓦，均呈现最初的模样。这里有亲子套房、北方大火炕、山景卧房、石头房等房型，各具特色，一步一景，复古味十足。院内还有"黑山烤房"，肉质鲜嫩、分量十足，是不少老饕的打卡之地。

地址：北京市昌平区延寿镇北庄村52号

侃谱空间小院

坐落于下苑艺术家村里的侃谱空间小院可谓艺术气息浓厚，院子主打北方民居，由设计师专门设计，兼顾了生活与艺术，也是周末度假或家庭聚会的理想场所。除了民宿，这里还会举办各类活动，绘画、音乐、展览、手作……艺术点亮着生活。此外，侃谱艺术空间小食堂以独特的秘方，为来往食客奉上鲜美的酸汤火锅，令人流连忘返。

地点：北京市昌平区兴寿镇下苑村

后院白虎涧民宿

后院白虎涧民宿位于阳坊镇后白虎涧村，四周环境清幽、宁静，整体房屋是由旧厂房改造而来的loft空间，红砖墙、皮沙发、吊灯、壁炉等元素，让这个民宿透露着浓浓的工业风。每个客房都拥有独特的设计风格，入住时能感受到不同的艺术氛围。其中的"超大娱乐工坊"可同时容纳50人，特别适合亲子家庭组团聚会或开展团建。民宿距离白虎涧风景区不远。

地址：北京市昌平区阳坊镇后白虎涧村

银山宿集

银山宿集紧挨着银山塔林景区，这家民宿的10个院子散落在湖门村内，村民闲置的民宅被打造成一个个各具特色的民宿。小院融合了古典与现代元素，不同的院子栽植了不同的树木，柿子树、栗子树、山楂树、核桃树……不一而足，一个个小院充满了生机。房间宽敞舒适，窗外的景色一览无余，置身其间，可尽情享受一份来自山野的淡然。

地址：北京市昌平区延寿镇湖门村

侃普空间小院　民宿主供图

第六章

赏味

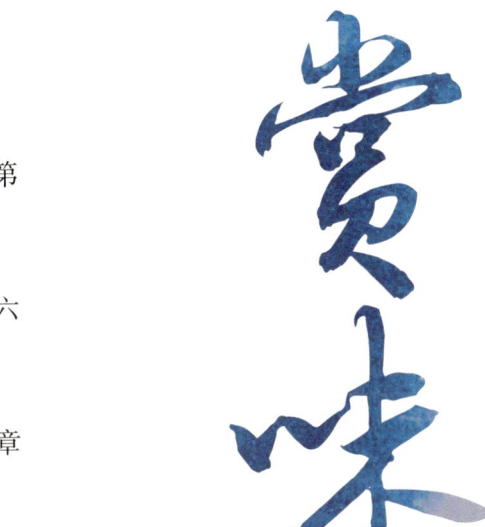

清平乐·昌平赏味

武火冲天，
文火香溢陬。
横剖烧饼竖夹肉，
主客共饮美酒。

蘑香栗树之左，
肉美围炉之右。
更咂网红咖啡，
山水陶醉无忧。

寻味乡间味蕾爽
美食美景共分享

广袤的昌平大地，以山明水秀的风土，孕育出多彩斑斓的食物。有的菜品可追溯至百年前的传奇人物，有的跨越重洋而至，有的就地取材、唾手可得，有的则需加倍耐心，静待一个四季的轮回。从原汁原味的素食乡宴，到酣畅淋漓的厚肉肥酒，洪荒岁月的炉火明灭，最终都不着痕迹地投射在餐桌上，万千食物在昌平人手中幻化出百般滋味，造就一方美味人间。昌平，山川依旧，风味多元。

"一村一品"，藏在乡间的特色宴

要说对美食的研究和创造力，昌平人应是当仁不让，他们总能恰如其分地结合当地水土，将平日里最平平无奇的食材，经过一番巧手转圜，化成一桌出乎意料的特色宴席。真顺村的苹果宴、长峪城村的猪蹄宴、仙人洞村的素食宴、黑山寨村的栗蘑宴、康陵村的春饼宴……一村主打一款，色与味、质与价的巧妙平衡，让这些淳朴的宴席声名远播，吸引八方来客。

苹果也能做菜？2022年9月，昌平区崔村镇在真顺村创意产业园举办了一场苹果主题宴发布会，26款"苹果精致菜"正式亮相，从冷菜、热菜、主食到甜品，所有菜品均以当地优质苹果为主料，辅以优质地下水源和地方特色食材，甫一面世便惊艳了世人。

昌平自古就有苹果"福地"的美誉，由于温度适宜、光照充足、土质肥沃，优越的自然条件孕育了昌平苹果，果品个头大，甜脆多汁、含糖量高、营养丰富，集颜值与美味于一身。追溯历史，早在20世纪80年代，崔村镇就开始种植苹果，目前已有标准化苹果园约6000亩，品种40余种，苹果种植户460户，年均产量超8000吨。

这些苹果单独食用已是佳品，厨师们还要用奇思妙想令其锦上添花，基于雄厚的种植底蕴和优质果品，崔村镇的苹果被巧妙融入26道精美菜肴：冷菜酸辣苹果棒棒鸡——酸甜爽脆的苹果与鸡肉碰撞，酸与辣刺激着味蕾，是一道绝佳开胃菜；苹果干烧五花肉——苹果极大中和了五花肉的肥腻，肉块软烂，肉汁又夹杂了一层清爽的果香；蓝莓苹果土豆泥——水果与蔬菜的碰撞，营造出绵密丝滑的口感，令人垂涎……一颗苹果，竟被创造出无限可能。

流村镇长峪城村的猪蹄宴也是一绝。进店不用点菜,按照人数直接上菜。花生米、肉皮冻、炖柴鸡、白菜豆泡、拍黄瓜、摊鸡蛋、炒豆芽、炸咯吱……一盘盘美味的农家小菜簇拥着正中间一大盆酱红色的猪蹄,摆满了整张圆桌。猪蹄专门用铁锅炖煮8小时,红扑扑、亮晶晶、颤巍巍,浓油赤酱,一口咬下去,肉皮软糯,连着一口瘦肉,层次分明。细细咀嚼,满嘴胶原蛋白制造的弹牙感,越嚼越有味,真是不容错过的佳肴。因为炖煮的时间够长,即使牙口不好的老人和儿童也能咬得动。与其他菜品的荤素搭配之下,让人敞开了肚皮大快朵颐,美妙无比。

总有一些食物,牢固地生长在孕育它的土地上,风味与水土互相成就,无法分割。7月底,延寿镇黑山寨村,满园的栗子树下,一簇簇白色的栗树蘑已经成熟,散发着浓郁的香气。顾名思义,栗树蘑因依栗子树生长而得名,是一种生长在栗子地的食用菌,在我国,只有北方燕山山脉长城内外的栗子主产区才能见到

蓝房子中餐厅蘑菇炒鸡蛋
蒋若静供图

它的踪影。延寿镇地处燕山山脉,气候湿润,水资源充足,植被覆盖率达97%以上。镇域山地土壤为沙质风化砾岩,微酸性,独具风味的麦饭石水水质独佳,山区昼夜温差大,能使糖分得到充分沉淀。延寿镇天然优质的地下水质,使得这里的栗子树品相俱佳,而以栗子树为生长依托的栗树蘑,更是享受到了充分的滋养。

在黑山寨村,由此发展而来的栗蘑宴荣登京郊十大宴席之一。村民们用充满创造力的双手,解锁了栗蘑的鲜美。软炸栗蘑、肉炒栗蘑、柴鸡炖栗蘑、凉拌栗蘑、青椒栗蘑、鱼香栗蘑……烹饪技法的各色混搭,让原本素净的主角化作不同菜品,光彩夺目。

靠山吃山、靠水吃水,简单的食材,织就本真的生活。昌平人深深懂得与自然、与食物的和谐相处之道,一桌桌宴席背后,是昌平人流淌在血液中的勤劳与坚守。

低调小馆,暗藏人间至味

真正的美味,往往藏在不起眼的市井小巷,这是被老饕们所熟知的真理。在昌平,最为人们所称道的美味佳肴,总是无需尽善尽美的店面装修，单凭实力说话，便能产生足够的吸引力，让无数食客心甘情愿成为它的"俘虏"，哪怕是专程从城里驱车两个小时，也要奔赴那场"口腹之约"。

英雄不论来处，美味不论尊卑。有些食物看似寻常，却味道不凡，令人惊艳。南口镇的"乌兰杂碎馆"，光听这名，就颇有种"不足挂齿"的低姿态，甚至难免令人"不屑一顾"。乍看之下，店面设计难说用心，黄底红字招牌十分粗犷，一张超大号菜单直接糊满了墙。可就在这方寸之地，杂碎这种肉食边角料成功实现了"翻滚逆袭"，只消吃上一口，便有种让人牵肠挂肚的魔力。

一碗羊杂碎，两个烧饼，这"标配"便能令一个成年汉子饱餐一顿。羊杂碎分量十足，羊肚、羊肺、羊肝、羊肠浸泡在浓郁的羊汤里，真是"又杂又碎"。按照"老粉们"示范的标准吃法，杂碎汤中一定要加"三件套"：香菜、辣椒、醋，这样美味就能翻倍。果不其然，用勺子舀上满满一勺送进嘴里，"杂碎们"不同层次的口感在舌尖交织，辛辣与肉味在口中忽战忽和，尽情释放出羊的鲜美，吃上一会儿便额头冒汗，可这种齿颊生香总让人欲罢不能。汤可以无限续，吃到尽兴。怪不得，这家20多年的老店收割了无数"铁粉"。看似低调，却一点也不妨碍这简单的杂碎成就汤浓味鲜的一餐，让食客诚心诚意地将这伏低做小的边角料奉为"座上宾"。

要是不知道昌顺马记,免不了要被人质疑作为昌平人的身份,尤其是"肉量爆表"的烧饼夹坛子肉,这款明星菜品,让吃过的人都直呼过瘾。这家老店的起源店就在明十三陵附近的延寿镇环陵路边,店门同样朴实无华,若是开车而行,很容易将其忽略,其实这里却藏着全京城最"瓷实"的烧饼夹肉。

肥瘦相间的大块肉专门放在坛子里提前炖煮至软烂,"坛子肉"因此得名。每一块肉色泽鲜亮,肥肉部分已经逼出多余的油脂,糯而不腻。马记独家秘制的麻酱烧饼也是一绝,揉好的麻酱面团蘸满芝麻,先烙后烤。在烧饼出炉的第一时间,将烧饼横刀剖开,趁热夹入剁好的坛子肉馅,些许青椒与香菜辅佐其中,挤

昌顺马记烧饼夹坛子肉　蒋若静供图

满整个烧饼，足见店家的慷慨与实在。再淋上一勺肉汁，诱惑力十足。

这烧饼夹肉比拳头还大，外壳脆而内馅萱软，咬上一口，蔬菜的清香与肉味混合，清口又出彩，肉质香而不柴，让人尽享大口吃肉带来的满足感。烧饼夹肘子肉是另一款招牌菜，虽然没有了汤汁的浸润，相比坛子肉稍稍干了一些，但味道依旧令人称赞。啃一口烧饼夹肉，再喝一口豆腐汤，快意人生。

在昌平的很多村中，还藏着不少"铁锅炖"，大多是农家自营，没有特别的装修风格可言，单单一口铁锅，就能以万丈豪情承载世间美食，有种"铁锅炖一切"的不拘小节与江湖豪气。

燕山灶台鱼铁锅炖，就在十三陵镇水库西路。一大张圆桌，中间嵌一口硕大的铁锅，用热量搅动起锅内容纳的所有。清江鱼、黄骨鱼、胖头鱼，大灶烈火的加持，让热烈翻腾的汤底将鱼肉的鲜美充分释放，只消烫上几分钟，鲜嫩的鱼肉便能入口。经过蒸汽的熏陶，锅沿一圈玉米贴饼子逐渐变得饱满，蘸一口鱼肉汤汁，朴素的粗粮瞬间实现味的质变。再加几个喜欢的配菜，农家豆腐、宽粉、茼蒿、豆角、土豆、娃娃菜……一旦放入鱼汤中，再朴实无华的食材也能瞬间拥有灵魂，贡献出令人惊艳的美味。这是许多自驾游爱好者的打卡之地。

还有李记烧饼、鼎香驴肉馆、桃花岛山庄、老杨家清真菜……寻常巷陌中、农家庄户里，总有不少独具匠心的美食令人耳目一新。不妨摒弃对店面装修的偏见，直奔主题，去昌平开启一场颇具地方特色的美食探寻之旅。

美景与美食的相互成就

深厚的历史积淀加上独特的自然风光，让昌平拥有丰富的旅游资源，明十三陵、居庸关长城、北京十三陵国家森林公园蟒山景区、银山塔林、大岭沟猕猴桃谷……每一处景致都能给人以惊喜。畅快的游玩之后，找个心仪的餐厅饱餐一顿，卸下一身疲惫，这无疑会为这趟旅途锦上添花。或者，单是为了追寻美食而逛一趟景点也不是没有可能。风景与美食之间的相辅相成，总能成为吸引人们行走昌平的驱动力。

逛完明十三陵，驾车十几分钟便能到达康陵村，吃上一顿地地道道的"皇家快餐"——春饼宴，绝对能让人好好放松身心。走进康陵村，一派古朴的气息迎面袭来，传统的北方村居错落有致。这里是明朝第十位皇帝明武宗朱厚照的陵寝所在地，数百年前，武宗皇帝的守陵人在此安家落户，世代繁衍生息，形成现在的康陵村。当年，正德皇帝朱厚照南巡时，带回了北京的民俗小吃"春饼"。几百年来，这个古老的小村庄代代相传，继承了正德春饼的制作方法,既保留了北方的风味,又继承了淮扬菜的精神,堪称"最正宗的正德春饼"。作为村里一大特色产业,不少农户利用自家院落办起了春饼宴。随意选择一家落座,便能品尝到最家常的味道。

在康陵村主妇们的巧手之下,一张张春饼名不虚传,其形薄如蝉翼,其色白如翠玉,极富美感。加上满桌的配菜,梅菜扣肉、酱肘子、粉肠、松肉、拌苦菊、拌油麦菜、炒豆芽、葱丝……二十多道菜肴,给足了排面。一张春饼,把荤素和色彩统统卷入,充满了扎扎实实的质朴,咬下去,滋味溢满口腔。

如果你刚刚从静之湖游玩结束,不妨到5公里之外的辛庄村"蓝房子中餐厅"打个卡,驱车只需10来分钟。正如其名,店门被刷成了纯正的蓝色,与白墙形成鲜明对比,很是打眼。几个必点菜总不会让人失望:农家豆腐切成大大的方块,配上特制的料汁,保留了豆腐的原香;再点一锅筋头巴脑小牛肉,番茄增味,肉质香嫩软烂,翻腾的热气能瞬间驱散满身疲乏,分量足够两个人饕餮一番;冰激海棠也十分出色,颗颗红色海棠果在灯光下散发着诱人的光芒,一入口,清凉绵爽,堪称消暑佳品;还有家常葱花大饼、白蘑炒柴鸡蛋、炸蘑菇、酸菜粉条,都是店内拿手菜。

出了桃峪口水库东南门,开车1.5公里就能到达下苑村的侃谱空间小食堂,品尝一份地道的贵州酸汤鱼。这是村里最为人所

蓝房子中餐厅的筋头巴脑
蒋若静供图

熟知的私房菜,如今也已被不少美食博主纳入榜单。汤底专门用大米发酵制成,番茄点缀其间,增加了酸香与色泽,令人食欲大开;木姜子则是点睛之笔,这种独特的香料,带来了大西南的芳香,造就了贵州酸汤鱼的独特风味。吃鱼之前喝两碗汤,开胃又畅快。现杀的清江鱼刺少又鲜嫩,煮熟后蘸上酱汁,有种大饱口福的快感。

小菜也非常用心:特色手工丸子肥瘦相间,在鱼汤中涮熟,白白嫩嫩,猪肉中的姜丝很是提鲜;圆润的豆腐丸子是现炸的,趁热食用最佳,用筷子扎个洞,亲自动手把萝卜小咸菜填入,一口就能吃掉一大个;黄粑甜糯可口,丝毫不腻,配上酸辣味的鱼,相互中和。若在冬日里点上这一小桌,恰似"围炉聚炊欢呼处,百味消融小釜中"。

因为坐落在艺术村里，这家餐厅四处挂着不同的画作，就像一个美术馆，到处都是拍照打卡的好地方，随手一拍即是大片。美"味"与美"景"相互成就，让前来寻味的人络绎不绝。

秋意渐浓时节，对老北京人来说，吃一顿铜锅涮羊肉可谓美事一桩。在昌平，本地人最熟门熟路的就是温南路上两家拥有近40年历史的老字号涮肉馆"阳坊胜利"和"阳坊大都"。这两家店距离后花园（白虎涧）风景区不远，是肉食爱好者的天堂，店里的羊肉均精选自内蒙古锡林郭勒的土种羔羊，肉质嫩而不散、肥瘦均匀，品质最是卓越。喜欢吃软嫩偏瘦的，可以选择上脑；想吃肥的，可选大三岔；想吃瘦的，则选黄瓜条；小三岔则是肥瘦兼有，还有带脆骨的"月牙儿"。配上古法秘制的麻酱，淋一勺现炸辣椒油，肉片在其中一裹，这滋味，堪称"火锅界的扛把子"。

离延寿寺不远的北庄村里，穿过一片向日葵花田，有家新晋网红餐厅——严方院·黑山烤房。硕大的黑色烤炉内，上百斤上等牛胸肉正在经历一场蜕变：大块枣木的低温烘烤，热烈却又克制，使肉的汁水被充分封锁。一层薄盐，给予肉的表面以些许鲜咸。作为香料，黑胡椒则压抑不住辛辣的本性，释放出大量气味分子将肉块充分包裹。这个过程，要静静地持续12小时，耐心必不可少。这是美国得克萨斯烤肉的传统做法。各路小菜尽管只是扮演着辅佐主菜的配角，却毫不含糊；蘸料剑走偏锋，竟选用蓝莓酱，与牛肉相遇，让压抑了一夜的浓郁肉味多了一丝清甜。

德国进口的腌黄瓜清脆爽口，墨西哥进口的辣椒圈鲜香十足，这些漂洋过海而来的点缀，中和了霸道的荤腥，恰似金风玉露般的相逢，也给整盘肉增添了不少诚意与隆重。

进入厨房的瞬间，厨师就要肩负起对美食的责任。黑山烤房负责人方祥说，从牛肉解冻、醒肉到烘烤，前前后后得操持两天时间，美味才能被完完整整地送上餐桌，前期制作过程颇为烦琐。这家餐厅只在周五—周日营业。"一定要早去！"这是生怕错过美食的食客们呼朋引伴时口耳相传的经验。

俯瞰昌平大地，藏在景区附近的美食可以说是数不胜数，居庸关长城附近有"乡味乐居""长城故事"，白羊沟周围有"铭扬四海大食堂""山水人家"，大岭沟猕猴桃谷风景区周边藏着驴打滚宴、"富春山居8号餐厅""溪边小栈农家院"，明十三陵周边则更不必说了⋯⋯

根据普鲁斯特效应，只要闻到曾经闻过的味道，就会打开当时的记忆。如果把美妙的昌平之旅比作一道门，那美食无疑就是一把钥匙。平淡的食材经过巧手和巧思，点亮了生活，拉近了人与人之间的距离，也在不经意间唤起人们对昌平的美好记忆，无形之中，那方天地早已深深烙进人心。

文/蒋若静

遇见咖啡馆

行走在昌平大地上,不得不提的是那些充满格调的咖啡馆,它们或藏在村中、或隐然山野、或安居闹市,自成一派。踏进咖啡馆,触摸菜单质感,滋啦啦的磨豆声里,香气四溢,店员埋头

心迪咖啡　蒋若静供图

调制咖啡，一曲蓝调奏出慵懒与闲适，当一切与咖啡相关的元素交织在一起，这气场瞬间令人心境放松。有咖啡的地方，便有人气、有故事、有活力，无论大小，这个空间总能成为街角的点睛之笔。作为潮流生活的新载体，一家家兼具社交和文化属性的咖啡馆镶嵌在昌平大地，它们各自成说、各显其才，成为吸引年轻人频频光顾的流量密码。正如一颗微不足道的豆子能幻化出无限精彩，咖啡馆的世界很小，却也有着恰当的精致和深邃。

共生：咖啡馆与村庄的深度融合

当咖啡馆开进村庄里，会产生怎样奇妙的化学反应？走进位于辛庄村的心迪咖啡，这个小小的空间承载了主人不少心思：咖啡馆装修走的简约路线，进门玄关处的照片墙上，人们放肆地大笑着，足够感染进入其间的每一个人。吧台很大，经过咖啡师的调配，创造出柑橘拿铁、生椰拿铁、柑橘美式、燕麦拿铁、冰博克等饮品，冷热皆宜，还有核桃巧克力布朗尼、巧克力味蛋糕卷、草莓奶油蛋糕、菠萝包……精致的甜点也颇受欢迎。不同门类的精装书籍立在四周的书架上、摆放在桌前，供人随意挑选。含蓄的吊钟、张扬的文竹，每一盆绿植都有自己的性格。

在这里，咖啡是生活的调味品，人才是主角。心迪咖啡主理人董艳华说，创立这家咖啡馆的初衷，就是希望让更多人感受到乡野生活的恬静和舒展，也希望能为在这里生活的人提供一个相处空间。这也许正好是附近的新老村民所需要的。

咖啡馆开业不到一年，当初她脑海中想象的画面，在这里一一显现：当阳光透过南边的大窗照进咖啡馆，远近的人都会聚了过来。总有家长带着孩子来这里过一天"心迪日"，妈妈点一杯咖啡，孩子要一份甜点，安静地画画、读书，消磨一天的时光。不用出差的日子，附近的吴先生总是背着电脑来到咖啡馆办公，店员深知他的偏好："还是一杯美式？""对，还是美式"，熟人之间无需多言。作为咖啡馆里年龄最大的客人，每周一，80多岁的彭老先生都要带着老伴专程从隔壁村赶来，两人共享一份手冲咖啡，翻一本喜欢的书，不失为一段有品质的时光。

辛庄村的村民可谓卧虎藏龙，有趣的客人也在用自己的方式，把咖啡馆装点得活色生香。墙上挂着的是艺术家的画作，看中了就可直接买下。舞台展示区，一架钢琴供人随意发挥，总有身怀绝技的客人用巧手敲出美妙音符，让咖啡馆的空气跃动起来，撩拨着人心。小提琴、钢琴的二重奏，尺八独奏，钢琴独奏等精彩绝伦的"十八般武艺"轮番上演。除了小型音乐会，还有即兴舞蹈、话剧、电影，周末的咖啡馆变成了村里人专属的舞台、影剧院。在这里，艺术的力量得到充分释放，链接了不同个体。而咖啡馆也实现了与村民共建共享,也与村庄产生了一种共生的美妙。

闲暇时,点一杯拿铁,加几块冰,选一个靠窗的角落静坐,看阳光洒在窗前绿植的叶片上,窗外,一只小狗欢快地路过,忽然有人跃动指尖,弹奏出一曲《Summer》(《菊次郎的夏天》电影主题曲),这份自在是咖啡给的。

柔软:链接无声和有声世界

咖啡馆是个有温度的地方,可以安抚人心。同样在辛庄村,一定要去彩虹天使咖啡屋坐坐。光听名字,就能感受到这个咖啡馆的与众不同,除了志愿帮忙的义工,店员都是听障人士,这些特殊群体在这里找到了谋生之计,开出了绚烂的生命之花:他们是咖啡师,可以快速为顾客奉上一杯纯正的咖啡;他们也是烘焙师,可以制作40余种点心,雪花酥、燕麦饼干、真爱玫瑰酥、熊猫饼、黄油杏仁饼干、椒盐坚果塔、龙夏糖,每种口味都令人惊叹。

这家店有种神奇的感染力:踏进店门的瞬间你会突然觉得,连稍微大声点说话都是一种"罪过",看他们无声地忙碌着,不

在彩虹天使咖啡屋忙碌的听障人士　蒋若静供图

由地让人心生想要与他们共处同一个无声世界。也许，进了这屋，嗓门再大的汉子都会变得柔声细语。点单时，需要多一些耐心，可以在菜单上直接用手指向自己心仪的餐食，这样吧台后方的听障师傅就能"秒懂"。工作多年，他们的手法熟练，分分钟能创造出你想要的美味。

　　彩虹天使咖啡屋的创办人李绍嬅来自台湾，这个咖啡屋的由来，源自一次她陪女儿参加的公益活动，当时接触到了听障儿童，得知他们生活的不易，她便希望能为这群人做点什么。"授人以鱼，不如授人以渔"，她专门去学习了烘焙和咖啡，创办了这家彩虹天使咖啡屋。多年来，咖啡屋一直在为听障人群免费培训烘焙手艺，使他们拥有一技之长。

正如其名，这座小小的咖啡馆如同一道彩虹桥，连通了有声和无声世界。踏进其中，人们既能享受咖啡和点心的美味，还能回馈一份爱心，更能经历一场精神的洗礼。这样想来，真是不虚此行了。

越来越多的人被这里的故事打动，慕名前来。也许，这正是最有温度、最为香浓的咖啡。

隐山：在山里享受一份惬意

昌平多山，60%的土地是山区和半山区。在这里，咖啡馆也学会了因地制宜，藏进了山间。一旦咖啡馆依了山、傍了水，其间的闲适又多了几分，让人尽享片刻逃离，仿若遗世独立。

若要去"山寺空间"咖啡店打个卡，沿着怀长路驱车前往的路途就充满着享受山野的自在感，这沿途的山景拥有无限治愈力，给这趟咖啡寻访之旅做足了铺垫。山回路转，山寺空间就在黑山脚下。咖啡馆的装修也很简约，黑色门框和窗格，将玻璃隔成一块块方格子，好让阳光肆意闯入。窗外的大树舒展着茂盛的

叶片,好似故意要借着这巨大的落地窗,给屋里的人展示一幅天然画作。院内放置了许多精心养护的多肉,迸发着旺盛的生命力。

咖啡豆是主理人自己亲手烘焙的,他们还会制作特色的意大利和法式甜品,以及山寺牛肉汉堡。山野有微风,绿意在阳光下蔓延,当咖啡豆的香气钻进鼻尖,身心也就慢慢舒展开来。

这里不只是咖啡馆,也是个艺术空间、艺术家工作室。主理人是视觉艺术家"山寺"和"房莹",二人亲自设计改造了这个小屋,2021年起正式对外开放。他们在这里生活、创作,策划展览,举办音乐会和小型艺术活动,实现了事业和爱好的完美融合。

为了寻求这种淡然的氛围感,不少文艺青年专程从城市里驱

山寺空间内景　咖啡店供图

车60多公里来此放空。爬上屋顶远眺，可以尽览山中四季。春天，这里演绎着"人间四月芳菲尽、山寺桃花始盛开"。夏日，看远山调配出"五彩斑斓的绿"：有黄绿、灰绿、褐绿、浅绿、淡绿、青绿……秋天，则是层林尽染、遍地金黄。冬日里，若是遇上一场大雪，山峦的曲线便尽显温柔。

山寺很喜欢和客人讨论艺术，闲谈中，陌生感很快消弭，客人们彼此成为朋友，这也是山寺空间吸引回头客反复来的魅力。主人的真诚，让这里有种彻底的放松氛围。

2023年8月，银山脚下湖门村也多了一家"山寺空间"。夏日微醺的午后，酒足饭饱，选个角落，点一杯咖啡，山风轻抚，何等惬意。山寺说，如果幸运的话，还能遇见展览和音乐季，那又是另一番享受了。这里有艺术，更有欢乐。

当然，你也可以驱车走一段盘山路挺进山林更深处，去流村镇禾子涧村的"远辰山里小馆"做个闲人。主人养了不少猫咪，可以一边撸猫，一边品咖啡，享受四面环山的静谧。十三陵镇上口村的"九米咖啡"也是个不错的选择，前面是咖啡馆，后面是民宿，白色的房子藏在绿草如茵里，与青山、蓝天相映成趣。若能如这般偷得浮生半日闲，生活自然变得可爱起来。

跨界：当咖啡遇见墨香

咖啡和艺术的融合已经不算新鲜事儿，可要说天马行空，非"书屿白Café"咖啡店莫属，它把书法与咖啡相结合，这种中西合璧的大胆尝试，足见店主老王勇气过人。这家咖啡店就在昌平区城中心的东关南里25号楼，独立的小二层。店里最大的特色，就是墨香味十足，到处都是毛笔字，墙壁上、楼梯护栏上、暖气片上、柱子上、台阶上……凡是能写字的地方，老王都不会放过。

书屿白Café
咖啡店供图

一层是点单区，侧面的墙上写满了楷体《道德经》。沿着木质台阶拾级而上，二楼墨香越发浓郁，甚至盖过了咖啡味，空间内挂满了形形色色的书法作品。深谙书法和篆刻之道的老王用浓浓的墨香，制造了满屋的中式浪漫。这边是"赵客缦胡缨，吴钩霜雪明。银鞍照白马，飒沓如流星"，一份笔走龙蛇的行书作品，写尽了李白对侠客的无尽赞誉。那厢是"醉里挑灯看剑，梦回吹角连营。八百里分麾下炙，五十弦翻塞外声，沙场秋点兵"，行云流水的线条笔墨，又让人梦回古时战场上的壮志豪情。不同的字体，老王也能信手拈来，令人叹为观止。

从菜单到咖啡知识宝典手册，均是店主老王亲自手写，如果幸运的话，可以得到老王亲笔题字的外带咖啡杯，以及书法周边。难怪有客人调侃说，如今没有点喜好、不会点手艺都不能开店了。当然，店里的咖啡品类也有不少，既有常见的拿铁、卡布奇诺，也有手冲花魁、曼特宁等，不一而足，众多口味可让顾客随心挑选。来一杯咖啡，配一块提拉米苏，氤氲在墨香里，可以消遣一个下午。

要说玩跨界，崔村镇真顺艺术小镇里的"7 SEVENING COFFEE"也是不遑多让。小屋外表，明亮的活力橙与克莱因蓝大胆碰撞，活力感十足，满足了人们对夏日的所有幻想。这家店主打户外露营主题，咖啡馆旁边大片的草坪可供人们休闲放松，天幕帐篷之下，绿草如茵，点一杯咖啡，躺在折叠椅上，无意间摆弄一下手中的咖啡杯，可以想点什么，也可以什么都不想。好一个不被俗事叨扰的一天！

后记

　　主人的用心经营，给咖啡馆注入了不同的气质，生发出令人流连忘返的气息。无论是意式浓缩还是法兰绒手冲，不管是深烘还是浅烘，是"猫屎"还是"蓝山"，在万千咖啡师手中，质朴的豆子总能被缔造出不同的格调。但咖啡的意义早已冲破了豆子与水本身，其所承载的标签也好、态度也罢，已经成为许多人生活中无法割舍的一部分。更何况，咖啡馆里交织着太多冷暖故事，以及甘苦参半的醇厚人生，等着人们去探索发现。从更大的视角来说，咖啡馆作为独立个体，也正在与周围的村庄、社区以及不同的公共场域发生着联结，持续塑造着彼此，成为社会生活乃至文旅生态圈中闪着光的一环。

　　诚然，喝咖啡会上瘾，泡咖啡馆，竟也会令人无法自拔。

　　走吧，找一家咖啡馆，去遇见不经意的人和事，邂逅一段不曾邀约的美好。

文/蒋若静

推荐

苹果宴：北京市昌平区崔村镇
猪蹄宴：北京市昌平区流村镇长峪城村
栗蘑宴：北京市昌平区延寿镇黑山寨村
乌兰杂碎馆：北京市昌平区南口镇交通街47号
昌顺马记（长陵总店）：北京市昌平区十三陵镇长陵村环陵路
燕山灶台鱼铁锅炖：北京市昌平区十三陵镇水库西路长陵园村燕山农家乐
春饼宴：北京市昌平区十三陵镇康陵村
蓝房子中餐厅：北京市昌平区兴寿镇辛庄村43号院
侃谱空间小食堂：北京市昌平区兴寿镇下苑村35号
阳坊胜利涮肉/阳坊大都涮肉：北京市昌平区阳坊镇温南路
严方院·黑山烤房BBQ：北京市昌平延寿镇北庄村52号
心迪咖啡：北京市昌平区兴寿镇辛庄村255号一层
彩虹天使咖啡屋：北京市昌平区兴寿镇辛庄村45号
山寺空间（银山宿集店）：北京市昌平区延寿镇湖门村166号
远辰山里小馆：北京市昌平区流村镇禾子涧村8号
九米咖啡（野释店）：北京市昌平区十三陵镇上口村
书屿白Café：北京市昌平区疕山路东关南里小区底商
7 SEVENING COFFEE：北京市昌平区崔村镇真顺艺术小镇666号

第七章 悦农

清平乐·昌平悦农

"炫彩"娇小,
　入口甜心透。
"白雪公主"苗间俏,
　谁人识得我妙?

　番茄味翁媪笑,
　多少童年美好?
　农家杏帘在望,
　莓酿酒觥筹笑。

特色农产享盛名
游客乐享慢生活

提起昌平，人们首先想到的便是草莓。昌平区地处北纬40°，是国际公认的"草莓生长黄金带"，鲜美红艳的色泽、柔软多汁的果肉、香甜浓郁的味道、绿色无农残的品质，让"昌平草莓"成为都市型现代农业的金名片。每年定期举办的北京农业嘉年华、世界草莓大会等活动，吸引众多市民游客涌入昌平，争相采摘尝鲜。

不光草莓，昌平的苹果、特色蔬菜也久负盛名，目前已成为昌平区重点打造的三大特色都市型产业集群。近年来，昌平区持续引良种、建基地、强技术，昌平苹果实现了扩量、提质、增效、创牌等历史性飞跃，"小苹果"实现了"大产业""大品牌"的蝶变。"小汤山"蔬菜作为北京市著名商标，主打"京字牌""老口味"，也具有较高的知名度和美誉度，广受市场欢迎。

如今，生活在市区里的居民越来越喜欢到乡村去，采摘新鲜果蔬、品尝特色美食、悠享慢生活。昌平区抓住机遇，持续推进

"农旅融合",为区域发展注入新动能。截至目前,昌平区已创建高标准农业观光园139个、星级民俗村18个、星级民俗户238家和一批特色乡村餐饮,不仅吸引了大批游客,还引来不少"新村民"定居,给特色民俗村增添了些许"文艺范儿"。

草莓苹果西瓜,果园四季飘香

2023年2月4日,恰逢立春节气,来自全市100余家草莓种植园的400余个新优草莓品种齐聚昌平草莓博览园,参加"选莓大赛"。当天,一年一度的"北京草莓之星"评选活动在北京农业嘉年华博览园开始。白里透红的"白雪公主"、口感绵软的"光点"、细润绵甜的"隋珠"……浓浓的草莓香气飘溢在空中,满眼皆是红的、粉的、白的,各式草莓,好不热闹!

昌平地处草莓生长黄金带上,这里种出的草莓带有北纬40°特有的"甜"。"昌平草莓"作为区域发展的主导产业,早在2010年便凭借出色的品质,成为中国国家地理标志产品,获得国家地理标志性产品保护认证。目前,昌平区草莓种植大棚已稳定在5000栋左右,年产量60万吨以上,种植面积和产量均占到了北京草莓产能的50%左右,总产值达3亿元。

鑫城缘合作社　合作社负责人供图

苹果产业也是昌平区着力打造的金字招牌。自1979年引进优系富士苹果品种以来,昌平区利用30余年时间攻克技术难题、掌握核心技术。如今,苹果种植面积已扩大至2万亩,其中有1万亩是矮密果园,这种果园应用"苹果矮砧集约高效栽培技术",让果园亩产量提高30%~40%。

崔村镇作为昌平苹果的主产镇,素有"京郊苹果第一镇"的美誉,得天独厚的地理气候条件造就了昌平苹果优秀的品质:个大、形正、色泽鲜艳、果肉多汁,颇受消费者青睐。昌平苹果的主栽品种是"工藤富士",果实个头大,果皮可全红,色泽鲜艳喜庆,极富视觉美感,咬上一口,酸甜爽口、气味芳香,被全国果品流通协会冠以"中华名果"的称号。

此外，昌平区果庄村的山黄杏、盖柿，留村的小枣等，都已成为昌平区的特色农产，颇受市民青睐。

近年来，昌平林果产业也在谋求创新"破圈"，规模化种植小型西瓜就是一例。2023年春末夏初，昌平区兴寿镇肖村金惠农采摘园里的"炫彩"小西瓜成为市场新宠。过去，昌平区的西瓜品种主要以四五千克的麒麟瓜为主，可谓"叫好不叫座"。在市区农业技术推广部门的指导下，引进"炫彩"特色西瓜品种种植，颇受百姓欢迎。

"今年，炫彩西瓜销售单价较常规红瓤品种高出15%，依然畅销，我们这儿订单不断，甚至供不应求！"金惠农采摘园负责

西瓜采摘　李林倩供图

人的脸上笑开了花。这座采摘园不仅是昌平区首家规模化种植特色小型西瓜的合作社,也成为北京农业部门选育的"炫彩"西瓜品种的主要产地之一。

特色蔬菜老口味,食用菌类新方向

盛夏时节,走进昌平区南邵镇金六环农业园,在5栋"成方连片"的智能化生产塑料大棚内,一株株原味番茄秧苗刚刚完成定植。抬头看,大棚顶部像台式风扇一样的环流风机正开足马力,为大棚降温。国庆节前后,番茄果实陆续成熟,这里将迎来采摘旺季。

"一口酸,二口甜,三口忆童年。"这是园区负责人对原味番茄口感的评价。园内还种植着各类高品质水果黄瓜,长短不一、胖瘦不同的黄瓜挂在藤蔓间,在阳光的映衬下显得翠绿饱满。这些水果黄瓜在口感上风味更加浓郁、味道更加香甜。

自20世纪90年代开始,昌平农业走上转型之路,发展特色蔬菜产业。昌平区农业服务中心副主任陈卫文说,北京"大城市小农业"的分布格局决定了北京农业难以在产量上占据绝对优势,而北京居民整体收入和消费水平又比较高。因此,发展以特色精品蔬菜为代表的都市型农业，既能满足北京中高端消费需求，又可促进农民增收。

昌平区通过蔬菜特色镇村创建，重点培育原味番茄、水果黄瓜、精细叶菜等新优品种，复壮一批"京字牌""老口味"蔬菜品种，提高北京高端市场占有率。目前，昌平全区蔬菜播种面积约1.87万亩，年产量400万吨，产值2.1亿元。"小汤山"蔬菜被认定为北京市著名商标，具有较高的知名度和美誉度。

近年来，昌平区又瞄准食用菌生产，延伸产业链条，为北京"菜篮子"保供增添筹码。走进昌平区小汤山现代农业科技示范园内的北京祥云兴隆农业科技发展有限公司，这是华北地区最大

水榭苹乡亲子农场　农场负责人供图

的工厂化生产金针菇的企业，也是昌平区的龙头企业。仅仅是这一家企业的进驻，就让昌平区食用菌产量跃升至全市第三。

在生产车间内，12层立体种植架上摆满了瓶载金针菇。"菌菇生产厂房已实现自动化控制，不受天气、季节等因素的影响，保障金针菇全年不间断生产。"公司行政主管李旭说。

近年来，昌平区对食用菌产业持续开展政策扶持，引入了一批新品种，包括大球盖菇、羊肚菌、小白玉菇等。同时，发挥山区林下种植优势，推广"林菌模式"，发展林下经济。据统计，2022年，昌平全区共栽培食用菌500余万棒，种植面积达500余亩，产值超3000万元。

农旅融合，新体验引来"新村民"

坐落在昌平区兴寿镇肖村内的御享生态农场，拥有数十个大棚。不仅种植着享有盛名的昌平兴寿红颜草莓，还有各式各样的瓜果蔬菜：香甜赛过圣女果的水果番茄、颗颗饱满的长茄子、风味十足的香芹彩椒……

"我们这里一年四季都能采摘，农场里还有一处田间书房，为幼儿园小朋友设计了绘本，为中小学生准备了教材，让不同年

御享生态农场　农场负责人供图

龄段的孩子们都能在农场里有所学、有所悟。"御享生态农场负责人杨洋说。

近年来,昌平区打造了一批星级休闲农业园,集农业观光、休闲采摘、文化体验、科普教育、农事生产于一体,为休闲农业与乡村旅游发展注入新动能。

"北京'大城市带动大京郊,大京郊服务大城市'的城乡发展格局,推动我们要走出一条'旅游+都市农业'融合之路,促进农旅联动发展。"据介绍,昌平区已经形成了"四季有景、四季有玩、四季有食"的休闲农业产业体系。

同时，昌平区还发展起了一批特色民俗村，游客足不出村，便可赏农景、品农食、住民宿，体验当地特色文化。

兴寿镇辛庄村是昌平区特色民俗村的发展样板。走进村内，家家户户都建起了草莓大棚，足有520多栋。这些大棚一年四季都有草莓，随时敞开大门供游客采摘。每年暑期，村内13家民宿几乎天天爆满。

生活在辛庄村的人，慢生活、享生活、懂生活，加之整个村落环境优美、依山傍水，近年来吸引了许多"新村民"定居，他们大多是艺术家或学生家长。"新村民"的到来让村子里多了一条"网红小街"，咖啡厅、艺术工坊、特色小店等艺术氛围满

天润园草莓合作社　王斌供图

满,随处都是"打卡地"。每月自发组织至少3场小型音乐会,文艺范儿十足,吸引不少游客及周边村民慕名前来。

辛庄村党支部书记李志水说,村里将打造一家草莓主题餐厅,推出"草莓宴"。不仅有村民自己加工的草莓汁、草莓酱、草莓酒、草莓冰粉、草莓冰激凌,还有用草莓做出的一桌子菜。"我们用草莓汁做出的鱼香肉丝,酸甜可口,别有一番风味。拔丝草莓也是一绝,期待游客来品尝!"李志水说。

像辛庄村这样的特色民俗村,昌平区一共打造了18个。据统计,2022年,昌平区休闲农业与乡村旅游总收入达3.4亿元,同比增长2.4%,在北京郊区排名前列。

文/王斌

推荐

🏠 北京农业嘉年华

每年春季，北京农业嘉年华都会为游客奉献一场精彩的农业盛典，已成为全国农业休闲类活动的标杆。

北京农业嘉年华自2013年首届亮相以来，经过多年持续发展，已成为一个体现农业生产、生态、休闲、教育、示范等多功能于一体的都市型现代农业盛会。

地址：北京市昌平区草莓博览园

🏠 百善农庄

百善农庄是以"鱼菜共生"为主体的有机农产品保供基地，位于昌平区百善镇银黄农业园，主要为北京市民提供健康、有机、绿色的农副产品。

"鱼菜共生"技术所生产出的鱼、菜，不含任何不符合食品安全标准的残留物，既增加了菜的产量，又能安全高效的养鱼，为百姓提供更多的"放心菜""安心鱼"。

市民需提前一天预约参观，现场观看以鱼菜共生循环为主体的新型生态平衡的有机种植模式，并可选购鲟鱼、鸭嘴鱼，番茄等特色农产品，品尝"鱼菜共生"鱼火锅套餐。

地址：北京市昌平区百善镇银黄农业园

🏠 北京雁北路百合专业合作社

北京雁北路百合专业合作社是以生产百合鲜切花为主要特色的百合生产专业合作社，位于昌平区南口镇西李庄村南李流路北侧。自2007

年成立以来，不断创新花卉名特优产品生产方法，目前已研究出百合、雏菊无土栽培配方专利技术。

北京雁北路百合专业合作社生产的百合从每年的11月中旬开始，至第二年6月中旬为鲜花上市期；雏菊从每年3月下旬至7月上旬，9月上旬至12月中旬为鲜花上市期。花卉爱好者可前去观摩采摘，体验徜徉花海的感觉。

地址：北京市昌平区南口镇西李庄村南李流路北侧

御馨园

御馨园地处昌平区十三陵镇，占地面积200余亩。

现有苹果种植60亩、京白梨20亩、樱桃20亩、水蜜桃15亩，采用绿色无公害种植技术栽培。历经十余年的发展，园区通过了绿色无公害果品认证、有机果品认证等。

自每年5月底开始，御馨园便迎来了采摘黄金期。5月底至6月中旬，可采摘樱桃；7月底至8月中旬，可采摘水蜜桃；8月下旬起，可采摘京白梨；8月底至9月初，可采摘葡萄；10月中旬至11月中旬，可采摘宫藤富士苹果。

地址：北京市昌平区十三陵镇环陵路1号

南口农场

南口农场位于昌平区南口镇南，成立于1958年，占地面积近1.47万亩，是生态环境优美、农垦文化突出、产业特色鲜明的现代化国有农场。南口农场有南农百果园和南农生态园是南口农场的两大核心区域。

南农百果园"一年四季有鲜果可摘，周年可享安全健康特色蔬菜"，还可提供观光采摘、体验休闲、果蔬认养、礼品订制等服务。

南农生态园拥有4000亩人工生态景观林，有4.7公里长的休闲木栈道、3300余平方米科普温室、近200亩林下花海。园内可开展亲子娱乐、团建拓展、丛林探险、主题露营、户外运动等活动；还可组织音乐会、暑期日间营、定向越野、春日植树、骑行等活动。

地址：北京市昌平区南口镇南

🏠 药王谷

药王谷景区位于昌平区十三陵镇下口村，总面积约5000亩，是一家以中医药文化为内涵的特色文旅融合项目。园区集中草药种养、中医药文化推广、中医药文化健康旅游为一体，是国家中医药健康旅游示范基地和国家级中医药文化宣传基地。

药王谷内建设有中草药种（植）养（殖）示范区、中药饮片展示区、中医药文化博物馆、中医药科普户外健身观光活动区等区域。整个药王谷种植了约3500亩中草药，主要包括黄精、桑树等。自成立以来，多次组织以中医药为主题的研学、亲子活动，带领观众学习中药材植物辨识、制作香囊、中草药标本，广受好评。

地址：北京市昌平区十三陵镇下口村

🏠 御享生态农场

御享生态农场位于昌平区兴寿镇肖村，占地面积100余亩，是一家集生产、试验示范、销售、科普教育、新技术推广应用及培训为一体的综合性农业园区。

目前，御享生态农场实现了一年四季都能采摘。每年11月至次年5月，是草莓采摘旺季；随后的5～7月迎来西甜瓜采摘期；夏末秋初推出秋收主题农事活动，市民可以走进田间地头掰玉米、刨红薯、挖花生，体验丰收的快乐。

除了提供观光、采摘服务，御享生态农场常年开展科普教育活动，在看、学、做上下功夫，让孩子们在亲近自然的同时，学知识、长见识。园内开辟出一块土地，用于"五谷园"的种植，让"黍、稷、麦、菽、稻"与实物逐一对应，增强孩子对五谷杂粮的直观感知。同时，园内设置田间书房，并研发出配套绘本教材，课程内容覆盖幼儿园、小学、中学、大学全年龄段，从认识水果、蔬菜讲起，普及农业知识。

御享生态农场还会举办西瓜节、番茄大战、草莓节、森林音乐会等活动，丰富游客的观光体验。

地址：北京市昌平区兴寿镇肖村御享生态农场

🏠 鑫城缘合作社

北京鑫城缘果品专业合作社位于昌平区兴寿镇西新城村，是一个集果品生产、销售、采摘和农业社会化服务、社会大课堂、都市农业科普教育于一体的综合园区。

园区一年四季可供采摘，设有农业景观长廊、荷花池，可满足广大市民休闲需求。同时，合作社开发了农事体验特色课程，可进行多项以农业为特色的农事体验项目。每到秋季，农民丰收节期间，亲子家庭可到基地刨红薯、挖花生、砍甘蔗，在劳动中感受丰收的快乐。

此外，合作社通过村社合作盘活农村闲置农宅，打造"左邻右舍"精品民宿，白墙灰瓦，紧邻运河，入住其间，尽享乡村田园风情。同时，民宿提供有机食材农家饭，从农田到餐桌仅需5分钟，让游客品尝舌尖上的自然味道。

地址：北京市昌平区兴寿镇西新城村4号

🏠 水榭苹乡亲子农庄

水榭苹乡亲子农庄位于昌平区崔村镇西辛峰村南，农庄占地300亩，主要栽植苹果、桃、梨、杏等果品，生菜、胡萝卜、茄子等蔬菜，以及玉米、小麦、红薯等粮食作物。

同时，农庄内还饲养了鸡、鸭、鹅、孔雀、锦鲤、羊驼、小矮马、鸵鸟等动物，游客可与萌宠互动，还可体验休闲垂钓、生活露营。农庄内还设置有儿童室内外娱乐区,开设有绿色餐厅及温泉住宿。

自2005年成立以来,农庄长期举办少儿绿色生态农事体验、自然教育、农耕科普、劳动体验等实践活动。被评为"乡村民俗旅游户""中小学生社会大课堂资源""科普教育示范基地""4星级乡村酒店"等。

地址:北京市昌平区崔村镇西辛峰村南

天润园草莓合作社

北京天润园草莓专业合作社位于崔村镇大辛峰村东,占地面积123亩,建有日光温室77栋。是一座集农产品生产销售、观光采摘、种苗繁育于一体的农业园区。

目前,合作社生产的草莓种类繁多,包括颇受广大市民青睐的红颜、章姬、圣诞红、隋株等20余个品种,并常年生产应季果蔬。每年12月初到次年5月中旬,是草莓采摘旺季,也是天润园草莓专业合作社一年中最忙碌的时候,游客接待量很大。

除了采摘,天润园草莓专业合作社也会开展农事体验亲子活动。每到端午节,会组织亲子家庭一起包草莓馅儿的粽子,颇具特色;中秋节做月饼;农民丰收节割麦子,教小朋友们手磨面粉,深度参与、体验农事活动。

地址:北京市昌平区昌金路与南辛区路交叉口西

向往的农场

向往的农场位于昌平区阳坊镇四家庄村,常年对游客开放。游客可以体验栽植蔬菜、农作物、果树,还可采摘时令果蔬。农场新设立的家禽养殖区及垂钓区也已对外开放,游客可以钓鱼,喂养鸡、鸭、鹅、鸽子等动物。

向往的农场不定期面向中小学生及社会团体举办农业科普教育课,讲授农作物基础知识,开展农事体验活动。

地址:北京市昌平区阳坊镇四家庄村南

第八章 乐购

十六字令三首·昌平乐购

购,
高端名牌尽享受。
定睛看,
"魔法学院"秀。
购,
网红LONG街夜色走。
抬望眼,
合生汇宇宙。
购,
文化兴区寓意稠。
细把玩,
白浮泉上流。

世界名牌都揽尽
烟火神仙乐购中

吃、住、行、游、购、娱，在这旅游六要素中，"购"已成为不可或缺的一环。购物，早已不是单纯地买买买，更是一种在旅途中对游客探索欲和好奇心的另类满足。旅游途中购买的纪念品或商品，还承载着美好的回忆。

昌平的购物资源极为丰富，有名牌云集的八达岭奥特莱斯、乐多港万达广场；有贴近年轻人生活的首开LONG街、龙德广场；也有充满地域特色的非遗文创产品商店或地标性土特产品商店。它们为昌平的购物之旅增添了不可替代的魅力，让人们在购物的同时可以领略到昌平的独特风情。

在昌平购物，主打一个"乐"字，乐购昌平，不仅内化为当地人的一种生活方式，也吸引着越来越多的游人前往。

国际品牌云集的高端购物场所

炎炎夏日的午后,北京街头行人很少,但在毗邻京藏高速的八达岭奥特莱斯,总能看到不少年轻人。远远望去,整个商区似乎被轻烟薄雾笼罩,走近才发现,几乎每个店铺的屋檐下都有细细的水雾喷出,形成了一层薄薄的"水帘",穿梭其间可以感到一丝丝清凉。不少孩童直接站在"水帘"里嬉耍。

八达岭奥特莱斯是一座集购物、餐饮、娱乐于一体的综合性购物中心,为顾客提供了众多国际知名品牌的商品。这里最大的特色是环境优美,建筑颇具艺术感。置身其中,游客仿佛来到国外的购物小镇一般。这里没有嘈杂的广播声,由于场地很大,游客虽然不少,但都分散到了各个店铺里,行走在整个购物中心里,很少听到人们嘈杂的声音,静谧安详而又美好的购物环境,恰如这里的品牌一般,有着国际范儿的端庄和矜持。在这里购物,不仅可以满足你对商品的需求,更是一种享受,可谓是对乐购最直白的注解。

虽然是一座国际化的购物中心,但八达岭奥特莱斯绝非不接地气。每走一段路,你就能看到各种精心设置的玩乐设施,有年

八达岭奥莱　屈伯崴供图

轻人喜爱的"魔法学院剧场""格林魔法学院",还有对小朋友友好的滑梯、攀爬绳、秋千以及定时开启的泡沫狂欢大作战等活动场所。乐购的感受不仅来自环境的优美和国际大品牌商品的丰富,还有这些细微的服务和贴心的设置。

同样拥有诸多大牌的购物中心还有乐多港万达广场。与八达岭奥特莱斯相比,这里配套的商业设施和娱乐项目更加丰富。在这里,你可以购买到各种品牌的商品,还可以享受到美食、电影、KTV等娱乐项目。夏日夜晚,一场雨后,空气中弥漫着淡淡的青草和泥土的气息,此时的乐多港最适合散步闲逛,从北门进

乐多港卡乐星球　屈伯崴供图

来,有蓝色的天幕灯,将氛围感拉得满满。乐多港外面的卡乐星球附近,还有一条网红520公路,很适合情侣或闺蜜拍照打卡。

　　这两处国际大品牌云集的购物中心,可以为中外游客和北京市民提供比肩国际顶尖大都市的购物消费,是昌平参与北京市打造国际消费中心城市最真实的写照。

烟火气十足的时尚大型购物中心

　　除了高端的、国际范儿的购物中心,昌平还有烟火气十足的大型购物中心，这里受到都市人群的喜爱和追捧，人气十足。人口密集的地方，自然就会有旺盛的消费需求。昌平这些功能齐全的购物中心主要分布在人口密集的几个核心区域，满足的是人们的日常消费。

被称为亚洲第一大社区的天通苑，是昌平人口最为密集的区域，也是北京的大型居民区之一。这里拥有众多商场和娱乐场所，其中最大的莫过于龙德广场。在昌平区的热门商场排名中，龙德广场常年排名第一。广场大门前的音乐喷泉会在中午及傍晚人流量大的时候开放，吸引了不少大小朋友在这里驻足撒欢。因为周边居民里年轻人多，所以这里的网红品牌很多。每到周末，商场人潮涌动，餐厅门前会排起长队，在这里逛街购物，能切身感受到何谓"人间烟火气，最抚凡人心"。

相比龙德广场，2023年6月30日刚开业的首开LONG街更受年轻人的欢迎。首开LONG街位于昌平回天[①]地区中部的霍营街道，是昌平区精心打造的京北首条品质生活型商业步行街。南区步行街全长约650米，街区打造了上万平方米的绿意空间，独具匠心的国风建筑设计加上与周边环境的高度契合，使这里开业即迅速蹿红，成为新晋网红购物点。

首开LONG街的交通便利，从鸟巢或者奥林匹克公园坐地

---

① 回天：指回龙观、天通苑。

铁到这里只需大约30分钟，这一点对顾客而言十分友好。首开LONG街分为南北两部分，北区为智能物联产业园，南区是适合人们购物休闲的生活街区，主打时尚潮流、惬意生活及宠物友好等标签。每当夜幕降临后、灯光亮起时，整条街火树银花、璀璨夺目，因此被不少网友评价为最美夜景。

2024年开业的北京超极合生汇位于地铁生命科学园站北侧，其一大特色是将在项目中心区域通过建筑合围的方式，建设出3万平方米的户外广场。广场中心建起钢结构的穹顶天幕，成为区域的标志性建筑。对比朝阳合生汇，昌平的北京超极合生汇更多融入体育业态，打造集办公、零售、餐饮、潮流空间、极限运动等多元业态为一体的新概念综合体。

首开LONG街　首开LONG街供图

拥有高附加值的文创产品

　　历史上的昌平曾是一座商业重镇，拥有丰富的人文资源，独特的地域文化和风土人情，是远近闻名的购物胜地。几千年的历史沉淀，让昌平拥有丰富的文化遗产。如今，这些历史沉淀都变得触手可及。通过一个个高附加值的文创产品，我们与古人的"距离"变得前所未有的亲近。

　　文创商品突出的是文化特色，购买文创产品与一般的购物体验不同，其所购物品的附加值远超出文创产品本身的价格。脱胎于非遗文化的昌平文创产品可谓琳琅满目。其中，用文创产品讲述大运河源头的文化故事是昌平区近几年来探索文创产品应用的一个成功案例。2023年4月，昌平大运河源头遗址公园盛大开园，"龙泉漱玉"历史古景重现，为游客讲述700多年前那段"白浮泉水济漕运"的动人故事。

　　昌平的运河文创分两个系列，分别是运河图卷系列和山泉景观系列，覆盖了多个品类。昌平大运河源头遗址公园文化遗存众多，可供文创选材的元素极为丰富。目前的几款文创产品里，有大运河源头遗址公园牌楼、龙泉禅寺、白浮泉遗址（运河之水），还有山上都龙王庙的壁画（守护龙神），鹭影台的白鹭鸟及龙抬头202级台阶等。

  明代尚宝司少钦崔学履在撰写《隆庆昌平州志》的时候选择家乡八处山水名胜载入志书，其中著名的"龙泉漱玉"景观就位于大运河源头遗址公园内，运河文创的logo就是由龙泉漱玉景观的照片辅以动画形象制成。这里面，一组名为"运河四景磁吸扣冰箱贴"的文创产品，以牌楼、龙泉禅寺、都龙王庙和白浮泉遗址这四处公园内标志性景点作为蓝本加以设计，用珐琅填色的工艺，小巧而又精致的外观令人爱不释手。更令人难以割舍的是，这组冰箱贴涵盖了整个公园的标志性景点。

运河四景磁吸扣冰箱贴　昌平文旅集团供图

除了白浮泉，明十三陵、居庸关、航空博物馆等知名景点和展馆都推出了各自的文创产品，这些文创产品不仅是简单的商品，更是展现昌平文化特色和历史的金名片，是昌平人文魅力的一部分，更是对北京"文化中心"定位的最佳诠释。

文/赵婷婷

推荐

🏬 八达岭奥特莱斯

　　八达岭奥特莱斯致力于打造成为一个定位高端、折扣低廉、体验优质的奥特莱斯，吸引了近300个国际名品、国内精品及特色餐饮品牌进驻。这里不仅汇集了大量的品牌折扣店，且均为品牌直营，货品的款式相当一部分是与国内外市场同步，价格却很有竞争力，是一个度假型的城市休闲目的地。

　　地点：北京市昌平区南口镇陈庄村

🏬 乐多港万达广场

　　北京乐多港万达广场引入国内外知名品牌200余家，涵盖服装精品、运动潮牌、娱乐休闲、儿童体验、餐饮美食等众多业态，是整个京北独有的潮流集群空间、时尚美学空间及生活社交空间。商业部分为地上3层加地下1层，整体由一条品牌大道、一条美食街区、一条室内步行街组成。这里拥有大型的室外街区、品类丰富的儿童广场、规模超大的运动体验场馆，是昌平区的大型购物公园。园区设计独特的欧式花园街区，让人在购物的同时拥有移步换景的视觉体验。

　　地点：北京市昌平区城南街道南口路29号

🏬 首开 LONG 街

　　首开LONG街位于昌平区回天地区中部的霍营街道，步行街全长约650米，总建筑面积约15.4万平方米，其中地上一期商业空间约6万平方米，二期产业园区约4万平方米，是京北首条全时品质生活型商业步行街。别看全长只有大约650米，接地气的设计加上与周边环境的高度契合，使这里开业即迅速蹿红，成为新晋网红购物点，为回天地区的发展注入新动能。

地址：北京市昌平区回龙观东大街与霍营西路交叉处

🏠 北京超极合生汇

北京超极合生汇位于地铁生命科学园站北侧。项目中心区域通过建筑合围的方式，建设出3万平方米的户外广场。广场中心建设起钢结构的穹顶天幕，成为区域的标志性建筑。对比朝阳合生汇，昌平的北京超极合生汇更多地融入体育业态，打造集办公、零售、餐饮、潮流空间、极限运动等多元业态为一体的新概念综合体。

地址：北京市昌平区地铁生命科学园站北侧

🏠 大运河源头遗址公园

大运河源头遗址公园是元代京杭大运河最北端，是千年运河的水源承载地。遗址公园内的白浮泉遗址——九龙池、都龙王庙在2013年公布为全国重点文物保护单位。遗址公园围绕"一泉贯出天下脉"主题，高标准打造了长流惠泽、山水清音两处景点以及运河源、引水台、聆泉处、读泉圃四处节点，在满足游客观赏需求的同时，可以更好地传承保护大运河源头历史文化资源。公园里，脱胎于非遗文化的昌平运河文创产品可谓琳琅满目，包括运河图卷系列和山泉景观系列，覆盖了多个品类，是畅享文化购物之旅的不二选择。

地址：北京市昌平怀昌路与白府路交叉口北320米

参观：关注"昌平文旅集团"公众号即可进行线上预约，每天2000人。如未预约，门口扫码当天若有名额空余也可以进园。

第九章 打卡

浣溪沙·昌平打卡

峨冠博带对镜妆,
大明市井忽身旁。
望眼居庸好气象。

高跷民俗能入画,
泡泉又见舞雪花,
此中真意实堪夸。

穿越盛世全沉浸
民俗带你画中游

似乎是一夜之间,"打卡"成了时尚、潮流的代名词。文旅景观极为丰富的昌平,"上风上水"就是它自带的打卡标签。

浑然天成的自然风光、令人沉醉的人文景观、气势磅礴的天下第一雄关、神秘的皇家陵寝……行走在昌平的山水间,看的是风景,却又不仅仅是风景,置身其中,人的感情随着景色的变化而波动,起起落落间,仿佛从微醺到沉醉……

打卡明文化:沉浸式体验大明盛世

明文化是十三陵镇最突出的文化符号,也是昌平区最有代表性的历史标签。在十三陵镇,明文化元素可谓俯拾即是。

换上一袭鹅黄色的衣裙,盘个古人的发髻,再画一个淡淡的古妆……汉服体验可繁可简,喜欢与否也因人而异。然而,若没有亲身尝试过,你可能永远都无法体会到其中的精妙。当你将汉服穿戴整齐,穿梭在古风文化集市间,一个转身,仿佛就已经穿越时光,回到了600多年前。熙熙攘攘的街头,抬头是古朴雄浑的明代建筑,身旁是身着明制汉服的百姓。你不再是置身水泥格子间里对着电脑没日没夜加班的职场人,而是站在明代北京街头的妙龄少女,随着人潮一起逛集市、祈福,大明的市井气息抚慰了你的焦虑,一种单纯的欢喜,就这样猝不及防地出现在你面前。

这种体验感,在十三陵镇让人身临其境。在这里,类似的体验活动有很多。春节期间的明文化体验月期间,康陵村会有一系列丰富多彩的活动,每个活动都紧扣明文化主题;每逢端午、中秋等传统假日,明文化论坛期间,康陵村会有民俗表演、"明礼康陵·我是大明人"等明文化沉浸式体验活动。市民或者游人可以在十三陵镇沉浸式体验明文化。放下世俗烦恼,换上明制汉服,与明文化来一次碰撞,这将是一次难忘的体验。据说,十三陵镇的很多村民都是明代守陵人的后代,在皇家陵寝的园林里,在一次次的活动参与中,他们真正参与到了明文化的传承中,本身已成为明文化的一部分。这些是只有在昌平、在明十三陵才能感受到的独有氛围。

在不远处的居庸关长城,游人还可以感受另一种不同风格的明文化。居庸关长城因山势险峻、关隘重重,被誉为"天下第一雄关"。它的建造历史可以追溯到汉代,在明朝时期,居庸关长城被修建得更加坚固和壮观,成为中国古代防御工事中的重要一环。与明十三陵皇家陵寝的庄严肃穆不同,居庸关气势磅礴,壮观雄伟。明文化节期间,盛装的马队组成的仪仗队伍,从居庸关长城景区北城楼一直巡游到南关城楼关王庙,还原皇家祭祀场景;此外还模拟名将戚继光在居庸关城楼整肃军队、拱卫京师的场景。华丽的服装,配以考究的礼仪,带领市民"穿越"到明朝。

天下第一雄关居庸关　胡胜利供图

无论在明十三陵还是在居庸关，人们体验明文化活动时，绝不会出现张冠李戴的情形，所有明代活动中的传统服饰都严格参考明代服饰文物、绘画及相关史料，因此，你来这里不仅可以感受穿越式的大惊喜，同时也是在接受一种古代礼仪课的熏陶。

打卡民俗文化：高跷花会带你画中游

在这个喧嚣的世界里，非物质文化遗产这种以文化资源为特色的项目，似乎已经远离了人们的日常生活，被遗忘在历史的角落里。然而，这些非遗项目背后，其实蕴含着浓浓的人间烟火气，无论是传统手工艺，还是民间音乐、传统舞蹈等，都是老百姓在日常生活中创造出来的。非遗项目不仅是文化遗产，更是人们生活的真实写照。非遗项目反映的是人们的生活态度、文化传承和劳动智慧。

如果说打卡明文化感受的是一种穿越式的大惊喜，那么到涧头村打卡高跷表演，到后牛坊村观看花钹大鼓，去漆园村欣赏龙鼓演出……游走在一个个非遗传承项目中，感受到的就是一种文化的传承与碰撞，是另一种活色生香的烟火气。

体验非遗项目，就是在体验人间烟火气。在这里，你可以感受到人们热情洋溢的生活态度。在小汤山镇后牛坊村，有一种名叫花钹大鼓的传统花会，这是一种将钹和鼓两种传统乐器相结合，配合欢快舞蹈动作的花会表演。这种颇具特色的花会表演，不仅是昌平区赫赫有名的花会项目，更是国家级非物质文化遗产。

扔腿接钹、弹跳步对钹、换跳步单对钹、双对钹……来到小汤山镇后牛坊村，看村民们盛装表演的花钹大鼓，是一种非常治愈的体验。老老少少们穿着红色的上衣、蓝色的绸缎裤，有的站立一

花钹大鼓　杨金枝供图

旁敲打直径73厘米、高36厘米的大鼓，还有的边击打小铜钹边伴随着鼓点和铜钹跳舞，场面那叫一个热闹！观众的情绪会不由自主地受到感染，嘴角不自觉微微上扬，这一刻，心里的烦恼都被抛到了脑后。灿烂的阳光下，这种淳朴而又热辣的表演，带着强劲的生命力，真的能唤起人们对美好生活的向往。

另一个充满生命力的非遗项目是涧头村的高跷表演，作为到昌平必打卡的非遗项目之一，这里的高跷演出就像是行走的荷尔蒙，不仅传达着一种对生活的热爱，而且能充分唤醒你的视觉感受。涧头村位于昌平区西北部的十三陵镇，这是一个有历史的地方。涧头村于元代成村，起初叫大黄庄村，后因村中多涧沟，改名涧头村。高跷表演其实很多地方都有，涧头村高跷有什么特色呢？用当地村民的话说，这里的高跷不仅带有浓郁的文化特色，还有鲜明的民族特色。

这并非虚言，涧头村高跷全称为"涧头村太平子弟高跷会"，最早由村里的满族子弟路德义在清光绪元年（1875年）创立，至今已有近150年历史。它的文化特色体现在，高跷演出内容以《水浒传》中武松、西门庆、潘金莲等12个人物为原型，人物各有表演套路和工整唱词，而且还有文跷和武跷之分。文跷注重唱功，音乐具有浓郁的地方传统特色；武跷则强调动作技巧，有劈叉、蹲桩、蹿桌子等绝活儿。涧头村高跷的表演总体是豪放而诙谐的，视觉冲击力很强，整个演出就是一幅鲜活的民俗风情画，

涧头村高跷
昌平供图

称之为行走的荷尔蒙一点都不过分。还有一个必打卡的理由是,这里的高跷曾参加过清朝的皇家花会,到民国时期更是达到鼎盛,在十里八乡闻名遐迩,曾被誉为"京北第一跷"。

与涧头村高跷、后牛坊村花钹大鼓齐名的昌平非遗演出项目,还有2022年冬奥会期间曾亮相北京冬奥村的漆园村龙鼓。昌平不仅非遗资源丰富,而且极其重视非物质文化遗产保护与传承工作。截至目前,昌平全区共有各类非物质文化遗产22项,其中国家级2项,市级4项,区级16项。

非遗项目与人间烟火气是紧密相连的。它们是老百姓在劳动、庆祝、祭祀等日常生活中创造出来的,代表了老百姓朴实的生活态度、智慧和情感。体验非遗项目,就是在体验人世间的美

漆园龙鼓　昌平供图

好与真实。它们带给了人们快乐和希望，让人们在艰难的时刻保持勇气和坚持。

打卡现代生活：滑雪花海馈赠生活惊喜

宜古宜今，在昌平旅游打卡，主打一个面面俱到。

体验了明制汉服的穿越式惊喜，感受过市井烟火气十足的非遗项目后，回到现代，您还可以去乐多港卡乐星球、军都山滑雪场挑战自我、享受刺激，或者去南口镇漫步于居庸花海，在山头俯瞰开往春天的列车，抑或去十三陵镇七孔桥花海，体验一种身心沉浸式的现代美。

乐多港卡乐星球主打航天和科技主题，与时下流行的航天热十分契合。里面的星港发布会、星港飞跃、星际护卫队这几个体验项目都是围绕着航天主题设计的，科技感满满。这里对亲子家庭比较友好，里面有很多大型恐龙模型，还带着声效互动，喜爱恐龙的孩子肯定很喜欢。

如果你觉得这种互动特效太"小儿科"，那可以去军都山滑雪场来点刺激的！军都山滑雪场位于崔村镇，距离市区只有30多公里，对于游客来说，这个距离十分友好。虽然距离市区很近，这里却是实打实的综合性大型滑雪场，很适合全家出行的人群，不仅有初中高级雪道供不同游客选择，还有迷你雪道给小朋友们玩耍。

滑雪是一项非常有趣、刺激的运动，从山坡上向下滑行的过程中，不仅可以欣赏到美丽的雪景和山脉，你还会突然发现自己的感官变得十分灵敏，呼啸的风吹在脸上，有一种微微的刺痛和凛冽感，此刻的你仿佛与大自然融为一体，感受到一种前所未有的身体放松和心灵自由。打卡军都山滑雪场的理由很多，但其中有一个不得不提的原因，那就是这里距离小汤山温泉很近，白天在寒风中来一场酣畅淋漓的滑雪，夜晚泡在温泉里放松身心，看着雪花从天上飘落，这种反差和放松绝对值得尝试。

军都山滑雪
昌平文旅集团供图

昌平不仅宜古宜今,而且四季皆有美景可打卡。除了温泉和滑雪之外,畅游花海也是不能错过的一道风景。因为,昌平的花海别具特色。有时候,免费的景点或许才是那个众里寻他千百度的他。每年3~4月的居庸关花海已经成为昌平乃至整个北京的一张风景名片。以气势恢宏的居庸关长城为背景,漫山遍野的白色、粉色、紫色花海中,蜿蜒前行的列车缓缓驶来,难怪被称为"开往春天的列车",它开启的不仅是春天,更是四季轮回中崭新的生命篇章。

位于昌平区十三陵镇昌赤路七孔桥东侧的"七孔桥花海",是另一处值得打卡的赏花胜地。这里有格桑花、薰衣草、山桃花、山杏花、虞美人、一串红等,可以做到一年三季都有花。景区里还有一种树最多,那就是黄栌,"初夏看烟,深秋赏叶",春夏之交的黄栌,花后久留不落的花梗呈粉红色羽毛状,在枝头如云似雾,在微风中摇曳,飘动于山野林间,吟唱着流年岁月静好。到了秋季,树叶变红,漫山遍野枫叶如丹的璀璨,鲜艳夺目,灿若云霞。

尝试明制汉服的穿越式惊喜;体验非遗民俗文化的市井烟火之乐;在滑雪场感受运动的刺激;在花海中微醺薄醉、不知归处……昌平的风景大多浑然天成,人们或在自然山水间游走,抑或在乡野山村中漫步,不经意间,总能收获惊喜。打卡昌平,总有一处风景能打动你。

文/赵婷婷

七孔桥红叶　胡正武供图

推荐

🏛 明文化论坛

2022年，明文化论坛首度亮相就上榜"2022年度北京历史文化名城保护十大看点"。2023年，明文化论坛焕新升级，文化活动更为丰富且贯穿全年，明文化论坛正成为全国文化中心建设的又一张金名片。而明文化论坛的举办地、世界文化遗产明十三陵的所在地十三陵镇也因明文化论坛而焕发生机。论坛举办地明十三陵景区游客中心，不仅是一个简单的旅游信息咨询处，还是游客考古研学基地。那里有好看好玩的动态文创空间展示，游客可以更深入的了解传统文化，体验明文化的独特魅力。

地址： 北京市昌平区十三陵镇昌赤路明十三陵景区游客中心

🏛 京张铁路

京张铁路是中国首条不使用外国资金及外国人员，完全由中国人自行设计、投入营运的干线铁路。这条著名的人字形铁路在我国铁路历史上具有划时代的意义。京张铁路在昌平境内有43.3公里，并设有沙河、南口、东园、居庸关等车站。游客可以乘坐京张铁路列车沿途观赏南口、居庸关的美丽风光。

地址： 可乘坐北京市郊铁路S2线列车体验沿途风光

🏛 明十三陵飞机航线

居庸关长城、明十三陵是昌平区重要的旅游文化资源，昌平通过完善基础设施、开通明十三陵空中航线、举办多种文体活动等方式，让老牌的世界文化遗产焕发光彩。空中航线、"空中观陵点"等新鲜的旅游项目陆续开通，游客可以用与众不同的方式游览明十三陵、游览昌平。

🏛 流村马术俱乐部

流村镇位于昌平区西部，处于西山永定河文化带和长城文化带交会处，文物古迹众多，风景优美。优越的地理位置、优美的自然环境为当地发展马术提供了基础。在流村镇，目前已有多家知名马术俱乐部。其中，马场俱乐部营地位于流村镇西峰山村南侧的牧阳山谷中，山谷东临白虎涧，西靠白洋沟，南面是瓦窑及风景秀丽的棋盘山，三面环山野趣十足，是骑马驰骋的好去处。

地址：北京市昌平区流村镇西峰山村南侧的牧阳山谷中

🏛 昌平公园滑冰

"后冬奥"时代，人们的冰雪运动热情高涨，位于昌平城区"心脏"位置的昌平公园，融合了山、水、树木和各色建筑，是一座环境优美、空气清新、景色宜人的自然式园林。昌平公园内约8000平方米的冰场是游客上冰体验，感受"驰骋冰场"快感的最佳选择。这里不仅有冰车、冰鞋、冰上自行车三种不同的娱乐项目，宽阔的结冰湖面还成为大家的竞技场和欢乐园。

地址：北京市昌平公园位于昌平区鼓楼南街28号

🏛 春天的列车

每年3~4月，乘坐北京市郊铁路S2线，可以在居庸关脚下穿越漫山遍野的山桃花和山杏花，感受春季带来的粉色浪漫。当列车缓缓在铁轨上行驶，沿途开满花朵的树枝轻轻摇摆。一个转弯，映入眼帘的不仅有布满枝头的粉色花卉，还有空中扬起的无数粉色花瓣。若是想看到列车穿越花海的全景，则可以登上居庸关村九仙庙东坡的花海栈道。

地址：居庸关长城脚下

牧阳山谷

牧阳山谷位于京郊昌平西北山麓的群山环抱中,从市区驱车前往只需30~60分钟,全程高速就能抵达,这里靠近城市更贴近自然,拥有占地约1800亩的露营营地,无动力的户外无动力儿童乐园,可以开展亲子露营、爬山、剧本杀、DIY创意烘焙、春季植树、马术表演、音乐互动晚会、篝火晚会等活动,是亲近大自然的绝佳去处。

地点:北京市昌平区流村镇南雁路西峰山村378号

北京@越野小镇

北京@越野小镇位于昌平流村镇白羊沟附近,最初由路虎英国教官参与设计和修建,是路虎在中国的越野体验中心之一。后来改名为北京@越野小镇。2020年6月10日,北京@越野小镇正式开业运营,重点打造"北京@"品牌、定位于汽车体验式营销的"旗舰中心",是具有特色的文化、健康、生态、挑战、时尚、亲子越野主题的文化公园,游客可以在这里体验一体化的越野生活。

地址:北京市昌平区北禾路

回龙观体育文化中心

2023年8月投入使用的回龙观体育文化中心,包括体育健身中心和文化艺术中心两部分。体育健身中心设有羽毛球馆、滑冰馆、攀岩馆、游泳馆、乒乓球馆、篮球馆、网球馆、健身房、搏击馆、射箭馆、田径场等11类体育场馆,更因为拥有众多先进设备而被称为数字化全民健身中心,比如:游泳馆配有智能AI防溺水系统,乒乓球馆配备了智能直播、转播系统,篮球馆内设施设备可供专业赛事及训练使用。文化艺术中心涵盖图书馆、剧场和活动中心三大功能，是一流的城市公共文化综合体。

地址：北京市昌平区回龙观西大街与文华西路交叉口东南角

🏛 天通苑文化艺术中心

天通苑文化艺术中心建筑面积3万多平方米，是一个集阅读、展览、演艺、休闲、社交等于一体的大型多功能公共文化艺术空间，是回龙观、天通苑地区重要的公共配套设施和文化地标。中心包含实体书店、图书馆、艺术培训中心、展厅、美术馆、中大型影剧院、文创孵化园等主要业态。

地址：北京市昌平区天通苑北街道立水桥北路与太平庄中一街交会处东南侧

🏛 十三陵果庄村

位于昌平区十三陵镇的果庄村环境秀美，村子形成于明代，北邻延庆，东临明十三陵风景区，南与沟崖毗邻。顾名思义，果庄村的果品种类繁多，森林覆盖率高，而且有多种野生动物。

🏛 永乐青年体育大本营

昌平区永乐青年体育大本营位于十三陵镇境内，属于原生态地区，占地2000余亩，坐落于十三陵天寿山脚下，三面环山，近水库西岸，风景秀丽，景色迷人，环道绿草如茵，空气富含丰富的阳氧离子，大本营地处明十三陵境内，依山傍水，绿植覆盖率高达95%以上，是室外活动的绝佳之地。

地址：北京市昌平区十三陵镇水库西路398号

🚌 百善镇欧洲小镇

在昌平区百善镇,有一座占地约4万平方米的废弃造纸厂,经过改造后变身为"欧洲小镇"。厂房里"长出"了酒吧、帐篷、艺术馆、书店……走在小镇上,既可以看到20世纪80年代工业文明的历史痕迹,又能找到当代欧洲主题元素,是一个集工业风、露营风于一体的潮玩体验空间。2023年五一假期,"欧洲小镇"刚刚对外开放就惊艳"出圈",成为众多市民游客旅游拍照的打卡地。

地址: 北京市昌平区百善镇半壁街村888号

🚌 中国旅游书店·游历书院

中国旅游书店·游历书院由北京大学城市与环境学院旅游研究与规划中心主任、博士生导师、文化和旅游部"十四五"规划专家委员会委员吴必虎教授创建。目前馆舍面积超1000平方米,是全国首个以游历为主题的复合型图书空间,书院内图书以游历为主题,超过4万册,计划增至10万册,其中不乏难得一见的孤本、珍本。书院除了以游历为主题的图书陈列空间设计,另外还配套有乡村书香庭院、图书收藏馆、珍本馆、活动阅览馆等多元空间。吴必虎教授将千百年来海内外各国探险家、旅行家们的足迹,和他们途经的大好河山,囊括在这一方天地中。

地址: 北京市昌平区小汤山镇大赴任村17号院

🚌 in book 生活书店

in book生活书店作为天通苑文化艺术中心一部分,根植于天通苑及周边社区,以提供"便利、品质、有温度"的文化服务提供为目标。in book生活书店作为一个长在社区生活里的书店,在书店功能定位上以出版物经营为主线,以人的互动为内核,以空间场所为载体,与天通苑图书馆一体化运营,共同构建全民阅读场景,为社区居民提供了多样化、多层次的文化服务,包括营造文化氛围、组织文化活动、培养文化社群、促进邻里互动。

地址:北京市昌平区立水桥天通苑中苑G区

in book书店　屈伯崴供图

第十章 骑行

 **线路 1　畅行回天**
北京首条"自专路"　便捷舒适景色优

骑行路线： 回龙观东大街—自行车专用路—昌发展万科广场
骑行难度： ★☆☆☆☆

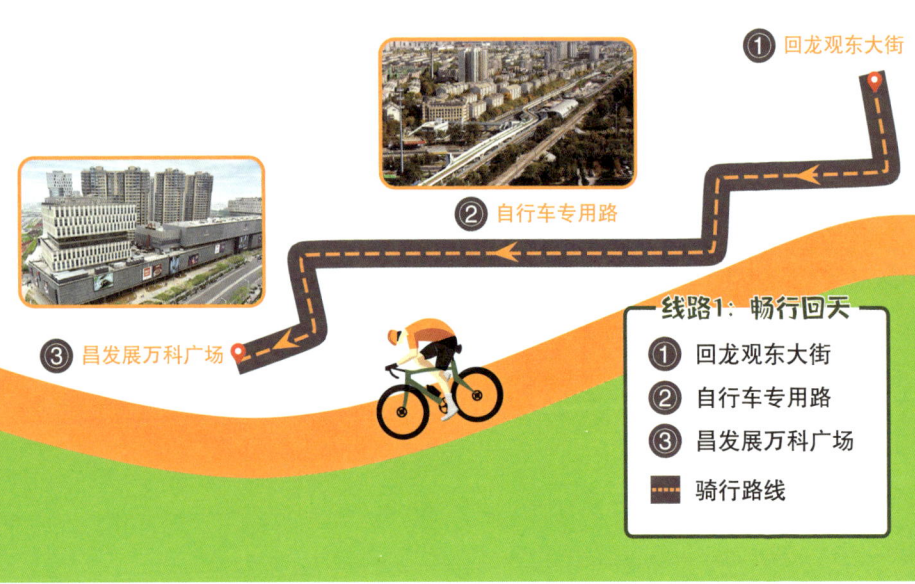

推荐理由： "畅行回天"骑行路线途经回天自行车专用路，全长约12公里，展示了回天地区建设成果，带您体验北京第一条自行车"高速公路"的通畅、便利与专业性，引导回天居民养成绿色出行的习惯。

骑行起点位于回龙观东大街、终点位于昌发展万科广场。从自行车专用路起点雕像出发，沿途串起1818街区公园、回龙观体育文化公园、首开智慧社、华联同成街购物中心、泰华龙旗广场等，线路涵盖商业网点、公园等。

自行车专用路（自专路）沿途风景宜人，环境舒适，还兼顾了休闲娱乐健身功能。特别是在夜晚，自专路上灯光柔和，骑行环境舒适。自专路开通以来，不仅培育了一大批自行车"通勤铁粉"，还成为周边居民休闲健身的好选择。

此条骑行路线难度低、沿途风景美。骑行沿线设置了服务区，为骑行爱好者提供如厕、驻车休息等配套服务。同时，还结合地区出行特征，设置了潮汐车道，并用清晰醒目的颜色进行标识。在出入口坡道上，均设置了助力系统。比如，入口坡道设有自动传送装置，骑行人可以方便省力地骑上主路；出口坡道则设置了阻力装置，以便降低车速，提高安全性。出入口位置还设置了多个自行车驻车区、停车架，以满足地铁与自行车的接驳换乘和自行车的停车需求。

线路2 艺术巡游

骑行打卡画家村　采摘观景短途游

骑行路线：下苑村文化广场—桃峪口水库观景台—桃林村（苹果采摘基地）—怀昌路（京密引水渠）—北京农业嘉年华

骑行难度：★☆☆☆☆

② 桃峪口水库观景台

③ 桃林村（苹果采摘基地）

④ 怀昌路（京密引水渠）

① 下苑村文化广场

⑤ 北京农业嘉年华

线路2：艺术巡游
① 下苑村文化广场
② 桃峪口水库观景台
③ 桃林村（苹果采摘基地）
④ 怀昌路（京密引水渠）
⑤ 北京农业嘉年华
骑行路线

推荐理由："艺术巡游"骑行路线全长大约16公里，路线主体展现昌平农业特色。骑行由下苑村文化广场出发，经由京密引水渠，沿途经过昌平各采摘园区，终点是北京农业嘉年华。

重点推荐一下骑行线路的起点下苑村，该村地处山区和平原的交界处，聚集了200多位不同领域的艺术家。20世纪90年代，随着圆明园画家村拆迁，北京的艺术家们开始寻找新的聚居地，一些人去了通州宋庄，另有一部分人则定居昌平。经过多年发展，下苑村已成为集艺术、体验、民宿、餐饮、骑行于一体的艺术乡村，文化氛围浓厚。在这个宁静的小村庄里，艺术与生活交织、都市与乡村碰撞、人与自然和谐。

目前，下苑村可开展骑游训练，开设骑行基础知识免费公开课、骑行入门体验公开课等科普活动。村里还有"骑行大本营"，提供自行车打气、维修等服务，并为骑行爱好者提供休息、交友的空间，骑行氛围友好。

骑行沿线有大量苹果、草莓等采摘园。每年11月至次年5月都是草莓采摘旺季，骑行之余，可以进入采摘园，品尝"北纬40°的甜"。

此条骑行路线全平路、距离较短、难度低，整条路线基本在公路上，可以使用各种车型骑行。适合亲子出行，也适合周末短途旅游。

线路 3　山水林间

青山深处有奇景　静谧村庄山地行

骑行路线： 前庄子党建广场—南羊路—羊台子村—西沙路—佛岩寺自然风景区

骑行难度： ★★★☆☆

① 前庄子党建广场
② 南羊路
③ 羊台子村
④ 西沙路
⑤ 佛岩寺自然风景区

线路3：山水之间
① 前庄子党建广场
② 南羊路
③ 羊台子村
④ 西沙路
⑤ 佛岩寺自然风景区
━━ 骑行路线

推荐理由："山水林间"骑行路线全长约7公里，沿途有南口镇羊台子村三槐抱一柏、奇观九子树、雌雄银杏树、佛岩寺等景观。

羊台子村是一个距离八达岭长城仅2公里的静谧小山村。它隐藏在青山深处，被绿水环绕。村子的自然景观特别丰富，周边有响潭水库、和平寺、佛岩寺遗址等景点。在佛岩寺上寺，有一处奇特的古树，外围三棵是国槐，中间一棵是柏树，形成了"三槐抱一柏"的绝妙奇景。位于佛岩寺下寺的雌雄银杏树，也是一处奇观，其背后还有一个"青梅竹马"的美丽传说，骑行爱好者们可以到现场去一探究竟。

在羊台子村南，有一棵造型特殊的大槐树，名叫龙树。传说这棵奇特的槐树最开始只有一棵，后来母槐树衰老，在树周围长出了大小不同的9棵槐树，它们就像兄弟一样有大有小，"脾气"也有弯有直，9棵树长了九种模样，被称为"奇观九子树"，正应了"一龙生九子，九子各不同"的谚语。

这条骑行路线依托羊台子村的自然风光和文化遗址，可以面向亲子家庭开展研学类骑行活动，也可面向具备一定骑行基础的骑行爱好者开展山地车营地嘉年华活动。这条路线有小幅爬升，适合有一定基础的骑友，山地车或公路车均可。

线路 4　水库环游

水库环行观遗产　仙人洞村享素食

骑行路线： 明十三陵大宫门—胡庄—长陵园村—南新村—仙人洞村—十三陵水库大坝—北新村—七孔桥花海

骑行难度： ★★☆☆☆

线路4：水库环游
① 明十三陵大宫门
② 胡庄
③ 长陵园村
④ 南新村
⑤ 仙人洞村
⑥ 十三陵水库大坝
⑦ 北新村
⑧ 七孔桥花海
骑行路线

推荐理由："水库环游"骑行线路全长约18公里，骑行爱好者可以按图索骥，感受十三陵水库的壮美景观，领会水利修建的奇迹。

本次骑行的起点位于明十三陵景区的大红门（又叫大宫门），其殿座为无梁殿结构，辟三门洞，券顶。在它前面的小广场上，坐落着一块刻有"世界文化遗产明十三陵"字样的青石，此处也是拍照留念的最佳位置之一。

在感受过大红门的韵味之后，继续前行，到达仙人洞村。村里可以品尝到特色"素食宴"，不仅能满足你的味蕾，食材中富含的维生素、膳食纤维、蛋白质等还可以帮你补充身体所需的营养，让骑行之旅更加畅快。

尝过素食宴后，继续沿水库西路前行，即可到达十三陵水库。此处以山为背景，有石桥、凉亭加之湛蓝的水，微风吹过，这景象让人一不小心醉了心。

绕过几个弯，经过几个坡后，由水库东路进入昌赤路，在路旁看到随风转动的七彩风车，这就是到达了七孔桥花海景区。景区会根据花期适当调整花的品种，让您无论何时来，都可以闻到花香，感受不同色彩的花海。

此条骑行路线相对简单，路况坡度有点起伏，建议骑行选择山地车、公路车。

线路 5　红色记忆

群山环绕地势险　边塞风情"小延安"

骑行路线： 高崖口村—发电站村—狼儿峪村

骑行难度： ★★★☆☆

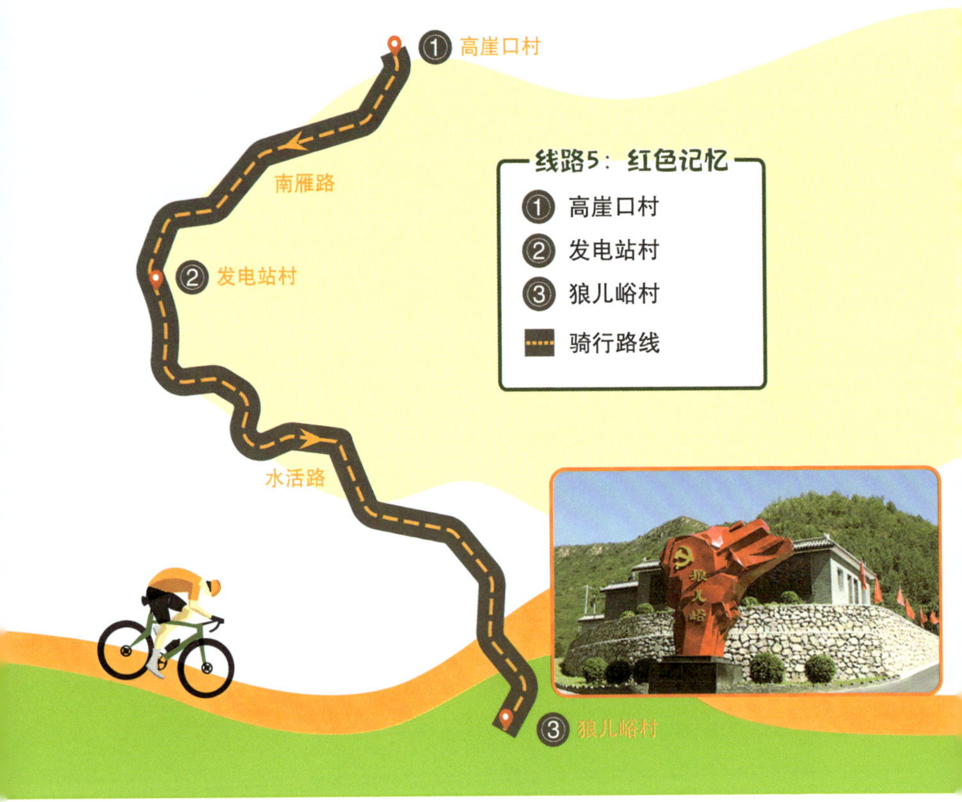

线路5：红色记忆
① 高崖口村
② 发电站村
③ 狼儿峪村
┅┅ 骑行路线

推荐理由： "红色记忆"骑行线路全长约6公里，重点推荐狼儿峪爱国主义教育基地，骑行爱好者可以感受红色文化。

本次骑行的起点位于流村镇高崖口村。这里四周群山环抱，地理位置独特，曾属战略要地。村内的高崖口自然风景区，被称为北京"小延安"。在景区北侧半山腰，有29孔延安窑洞；在景区出口处的北侧山上，还有一座微缩型"延安宝塔"，每到夜晚，宝塔上有灯光闪烁。在这里，可以领略陕北边塞风情，感悟老一辈革命家艰苦创业的精神。

从高崖口村出发，行经发电站村，抵达狼儿峪村。作为传统革命老区的狼儿峪村，在抗日战争、解放战争时期，都曾为平西地区的革命斗争做出重要贡献。时过境迁，古村落早已成为红色基地与乡村振兴交相辉映的缩影之一。

走进狼儿峪爱国主义教育基地，瞻仰高崖口革命烈士纪念碑，参观昌宛联合县革命历史展馆和昌宛联合县县委县政府等旧址，寻着党在狼儿峪地区的历史活动轨迹，重温昌平区人民奋斗征程中的光辉历程，并沿着村内"微长征路"体验"长征之旅"，感受伟大的长征精神。沿途可参观复原小院、昌宛联合县武装部旧址、"吃水不忘挖井人"旧址、大会师党员活动室等12个景观节点。

此条骑行路线有一定爬升，但是路程不长，适合山地车、公路车。

线路6　绿氧益行，艺览昌平
盘山而上寄乡情　塔林观景文旅行

骑行路线： 下苑村文化广场—桃峪口水库观景台—连山石临水步道—大杨山国家森林公园—上庄村—湖门村—银山塔林—望百路海字路口—延寿寺—北庄严方院—慈悲峪观景台—百合水库—百合村—骑行大本营

骑行难度： ★★★★☆

推荐理由： "绿氧益行，艺览昌平"是一条北京市级文旅骑行路线，路线全长约72.8公里。路线贯穿大杨山国家森林公园、银山塔林、延寿寺等景区，向广大骑行爱好者展示延寿镇及其盘山而上、错落有致的村庄风貌，银山塔林等历史文化资源，以及湖门民宿、下苑艺术聚集区等乡村振兴成果。

骑行起点位于下苑村文化广场。下苑村被评为北京市2022年新晋网红打卡地之一。自1995年起，众多中青年艺术家陆续入住村庄，形成了如今的"下苑艺术家村"。村里有艺术家工作室、精品主题民宿、西餐厅、咖啡馆、艺术展览等，文旅体验丰富。村内设有"骑行大本营"，被打造为昌平知名的骑行打卡点。

整条骑行线路较长，骑行过程中有一定爬升，面向有一定基础的骑行爱好者。建议分为两天骑行，可提前入住下苑村，游览桃峪口水库、连山石临水步道等景点。此线路适合公路车、钢架车。

线路 7　百里环廊

百里环游观齐岭　骑行挑战攀高峰

骑行路线： 流村环岛—后院·溜石港民宿—北齐岭观景台—长峪城村—禾子涧—白羊沟路口—流村环岛

线路7：百里环廊

① 流村环岛
② 后院·溜石港民宿
③ 北齐岭观景台
④ 长峪城村
⑤ 禾子涧
⑥ 白羊沟路口
┅ 骑行路线

骑行难度：★★★★★

推荐理由："百里环廊"骑行路线全长约62公里，路线展示了流村百里环廊自然风光，以及长峪城、禾子涧、老峪沟和马刨泉的田园风光。沿路骑行，既可品尝昌平美食，也能深度体验独具魅力的长城文化。

从流村镇流村环岛出发，沿着南雁路向前骑行，再进入高芹路，路边有一处观景平台——北齐岭观景台。海拔上千米的山岭上，残留着北齐长城遗迹。北齐岭是个欣赏和拍摄日出、日落、云海、星空的好地方。

继续向前，喜欢徒步的骑行爱好者可以选择在长峪城村住下，还可结合久负盛名的长峪城登山步道，开展具有一定难度的骑行和登山混合活动。登上长峪城登山步道，挑战越野项目，看看保存完好的古长城，游客此处的体验可谓丰富。当地特产有西峰山小枣、流村苹果等农副产品，咯吱、古韵流村农家秘制酱等特色美食也不容错过。

特别推荐你将长峪城村极富特色的"猪蹄宴"作为补给。猪蹄、红烧鸡、拔丝咯吱等网红菜品都可以无限续菜，让人一次吃个够！同时还有猪脸、红烧鱼等美食。

本条骑行路线难度特别大——海拔高气温低，爬升距离长，是很多骑行爱好者心目中渴望挑战的"高峰"。主要面向体力较好的年轻游客和有一定经验的骑行爱好者，适合公路自行车。

线路 8　美食美宿

后院民宿颜值高　铜锅涮肉真地道

骑行路线： 北京后院·白虎涧民宿—北京后花园（白虎涧）风景区—温南路美食街

骑行难度： ★☆☆☆☆

推荐理由："美食美宿"骑行线路全长约5公里，展示了北京后院·白虎涧民宿、北京后花园（白虎涧）风景区的风情万种，品尝阳坊涮肉、"京北回族第一村"西贯市村清真美食。

集合前一天，建议入住北京后院·白虎涧民宿。北京后院·白虎涧民宿坐落在后花园（白虎涧）自然风景区山脚下，是一家集旅游、文化和创意于一体的民宿小院，由20世纪80年代的一间民房改造而成，典型的北京郊区民居三合院的式样，吸引了很多游客前来参观小住。

骑行爱好者从北京后院·白虎涧民宿出发，前往北京后花园（白虎涧）风景区，再返回抵达温南路美食街。值得一提的是，沿途经过的阳坊涮肉、大都饭店、胜利饭店均是总店，不容错过。

其中，阳坊涮肉为清真餐饮，采用传统的炭火铜锅、30多种中草药秘制调料和以清汤涮食为主的方式。阳坊涮肉源自昌平区阳坊镇李胜利夫妇于1984年创立的阳坊胜利涮肉品牌，后在广泛传播中被简称为"阳坊涮肉"，以地域名称为符号，至今已有40年历史，是北京久负盛名的餐饮品牌之一。后来，阳坊镇又诞生了多家以阳坊命名的涮肉餐饮企业。

"美食美宿"骑行线路全程为城市公路，无难度，适合所有车型。

线路 9　古迹探访

串起明十三陵全景　途中补给春饼宴

骑行路线： 明十三陵长陵—庆陵村—茂陵村—泰陵村—康陵村—燕子口村—昭陵—定陵

骑行难度： ★★☆☆☆

线路9：古迹探访

① 明十三陵长陵
② 庆陵村
③ 茂陵村
④ 泰陵村
⑤ 康陵村
⑥ 燕子口村
⑦ 昭陵
⑧ 定陵

骑行路线

推荐理由："古迹探访"骑行线路全长约16公里，串联起数座皇陵，骑行爱好者可以感受明十三陵世界文化遗产的风采，沿途体验亲子休闲园区和特色民宿。

昌平区作为北京"三条文化带"唯一交会区，坐拥"运河之源、太行之首、居庸之要"，文物古迹众多，尤以明十三陵最为驰名，明十三陵2003年被列为世界文化遗产。

骑行路线的起点为长陵，沿长陵出发，行至康陵村，千万不要错过当地美食"正德春饼宴"，其于2022年被评为北京休闲农业十大特色美食。正德春饼可以用八个字来形容：薄若蝉翼，纯白无瑕，配以酱肘子、熏鸡熏鸭、肉丝炒韭芽等一起卷进春饼里，鲜香爽口。

想要俯瞰明十三陵全景，来燕子口村最为合适。骑行至燕子口村时，可选择在乡村民宿留宿一晚。一座座砖瓦房小洋楼掩映在青山绿树间，空气中瓜果飘香，走在静谧的登山步道上，远眺昌平城，足以让你的心境得到舒缓。

骑行的终点是定陵，也是中国唯一被考古发掘的明代帝王陵，在这里可以参观定陵地下宫殿及定陵博物馆。

此条骑行路线无难度，但因为会经过村庄，路况有变化，建议选择山地车或公路车，适合休闲游、亲子游。

线路 10　中轴向北

一路向北看花海　纵穿回天赏美景

骑行路线：东小口森林公园—奥北森林公园—沙河湿地公园—滨河森林公园—七孔桥花海

骑行难度：★☆☆☆☆

线路10：中轴向北
① 东小口森林公园
② 奥北森林公园
③ 沙河湿地公园
④ 滨河森林公园
⑤ 七孔桥花海
▬▬ 骑行路线

⑤ 七孔桥花海
④ 滨河森林公园
③ 沙河湿地公园
② 奥北森林公园
① 东小口森林公园

推荐理由： "中轴向北"骑行路线沿用昌平区42公里绿道。这条绿道将公园园路、滨河路及市政路联通，借助公园现有的彩叶树、花灌木、林下地被植物等层次丰富的绿化景观，让市民在骑行过程中体验不一样的道路风貌。

骑行起点位于东小口森林公园，一直向北可骑至明十三陵花海，纵穿回天地区。骑行沿途经过奥北森林公园组团（包括东小口森林公园二期、东小口森林公园一期、东小口城市休闲公园、贺新公园、太平郊野公园、单村景观栈桥、霍营公园、半塔郊野公园、生态林、平原造林等景观节点）、沙河湿地公园（温榆河郑各庄段、沙河水库）、滨河森林公园组团（北沙河巩华城段、东沙河、十三陵水库），感受昌平区的自然风景之美。

沿绿道骑行，还可欣赏到不少文化景观，包括体现"漕运文化"的白浮泉遗址、体现"行宫文化"的巩华城等。

此条骑行路线全线宽度为2.5～3米，路面主体结构均采用透水材质，路线简单、骑行感受舒适，若不需体验全程，骑共享单车也可，适合亲子也适合情侣。

文/王斌

换个角度看昌平

《瞰见昌平》带你俯瞰既熟悉又陌生的昌平风貌。

航拍视角,空中视点,展示昌平的山脉、水脉、人脉。

讲述昌平的自然、人文、历史和城市活力,带你了解不一样的昌平!

扫一扫,观看视频